ROBERT LOUIS STEVENSON'S

UNCO CASE O

Dr Jekyll

Mr Hyde

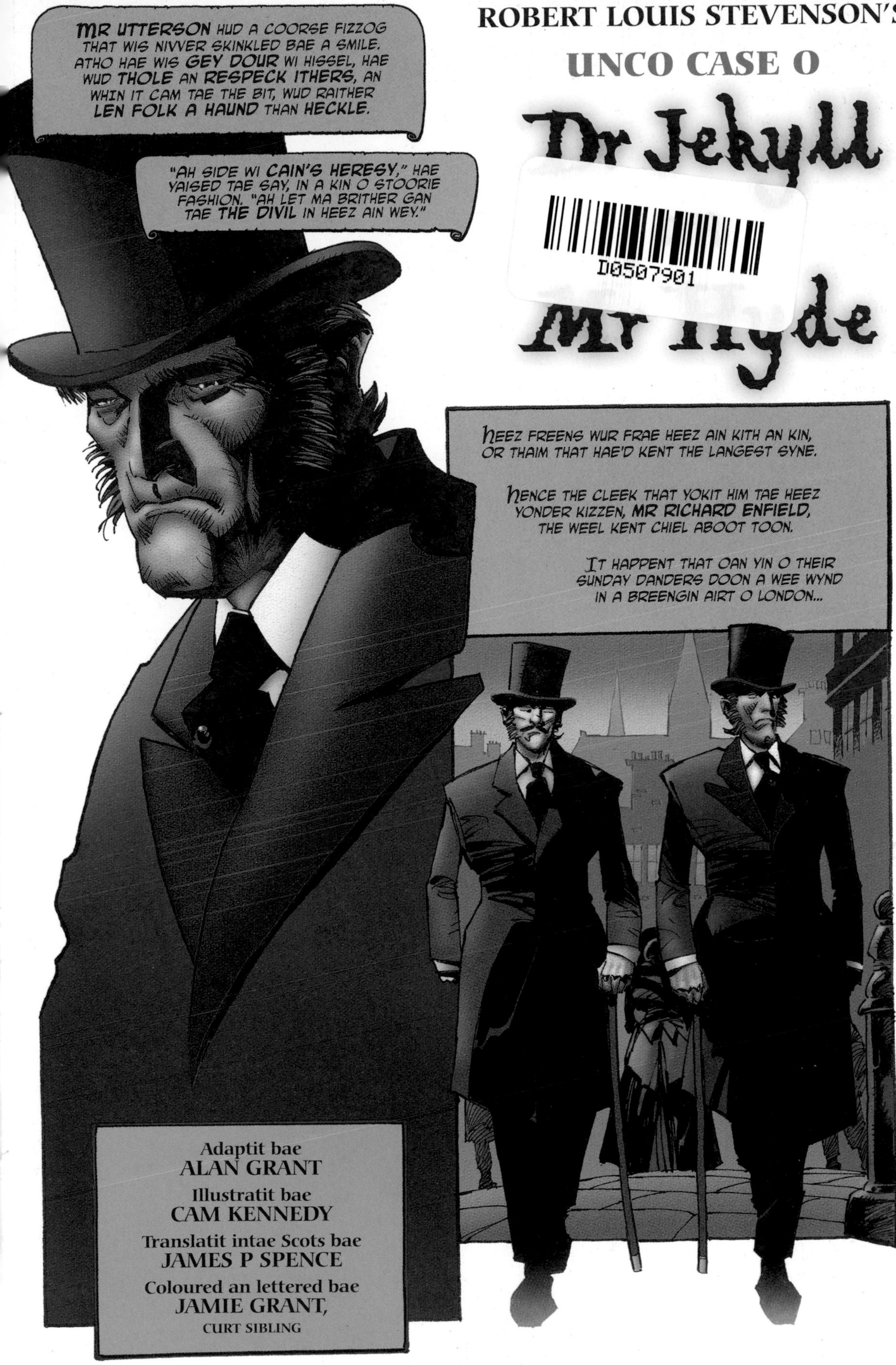
MR UTTERSON HUD A COORSE FIZZOG THAT WIS NIVVER SKINKLED BAE A SMILE. ATHO HAE WIS GEY DOUR WI HISSEL, HAE WUD THOLE AN RESPECK ITHERS, AN WHIN IT CAM TAE THE BIT, WUD RAITHER LEN FOLK A HAUND THAN HECKLE.
"AH SIDE WI CAIN'S HERESY," HAE YAISED TAE SAY, IN A KIN O STOORIE FASHION. "AH LET MA BRITHER GAN TAE THE DIVIL IN HEEZ AIN WEY."
HEEZ FREENS WUR FRAE HEEZ AIN KITH AN KIN, OR THAIM THAT HAE'D KENT THE LANGEST SYNE.
HENCE THE CLEEK THAT YOKIT HIM TAE HEEZ YONDER KIZZEN, MR RICHARD ENFIELD, THE WEEL KENT CHIEL ABOOT TOON.
IT HAPPENT THAT OAN YIN O THEIR SUNDAY DANDERS DOON A WEE WYND IN A BREENGIN AIRT O LONDON...
Adaptit bae ALAN GRANT
Illustratit bae CAM KENNEDY
Translatit intae Scots bae JAMES P SPENCE
Coloured an lettered bae JAMIE GRANT, CURT SIBLING

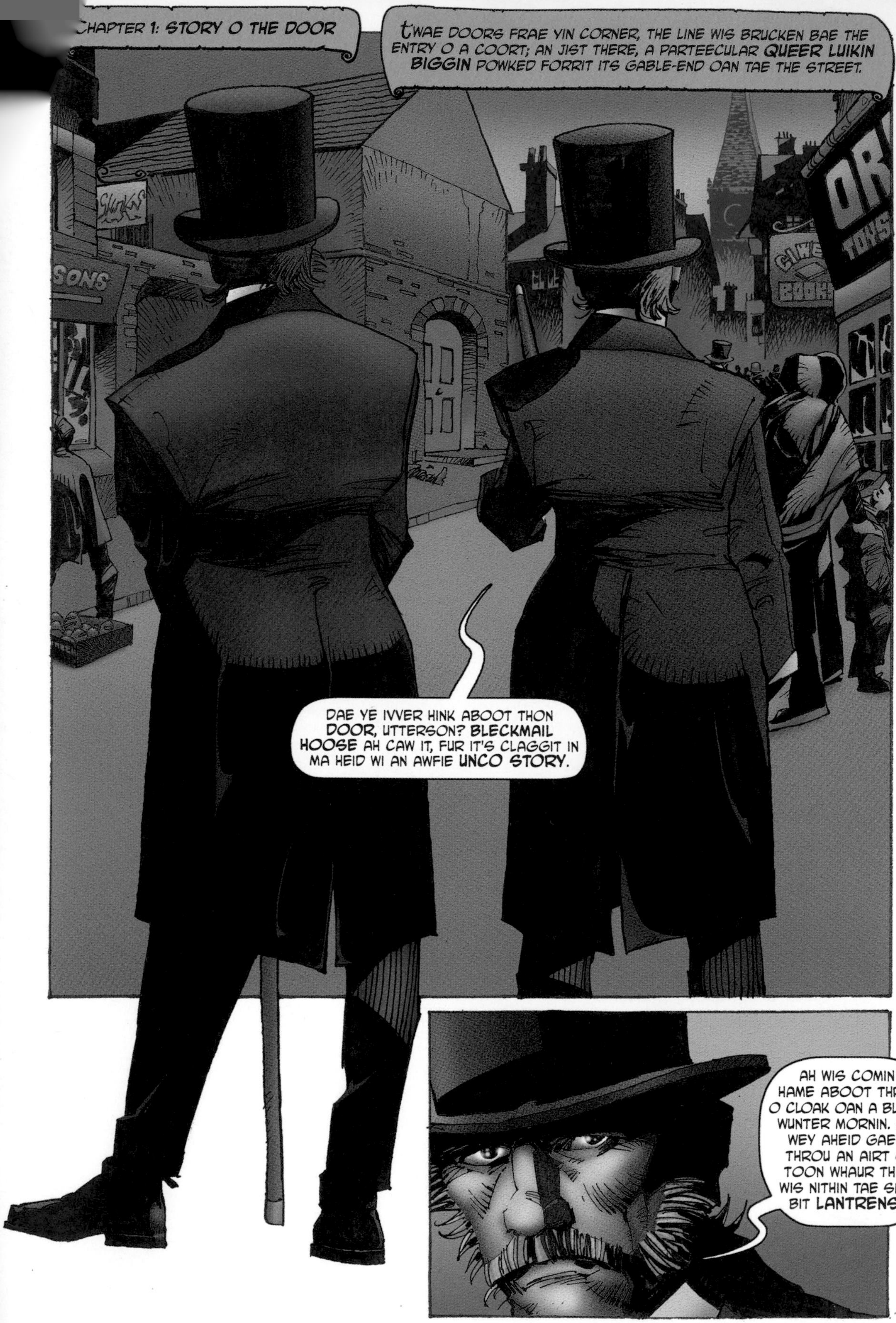
CHAPTER 1: STORY O THE DOOR
TWAE DOORS FRAE YIN CORNER, THE LINE WIS BRUCKEN BAE THE ENTRY O A COORT; AN JIST THERE, A PARTEECULAR QUEER LUIKIN BIGGIN POWKED FORRIT ITS GABLE-END OAN TAE THE STREET.
DAE YE IVVER HINK ABOOT THON DOOR, UTTERSON? BLECKMAIL HOOSE AH CAW IT, FUR IT'S CLAGGIT IN MA HEID WI AN AWFIE UNCO STORY.
AH WIS COMIN HAME ABOOT THRIE O CLOAK OAN A BLECK WUNTER MORNIN. MA WEY AHEID GAED THROU AN AIRT O TOON WHAUR THIR WIS NITHIN TAE SEE BIT LANTRENS...

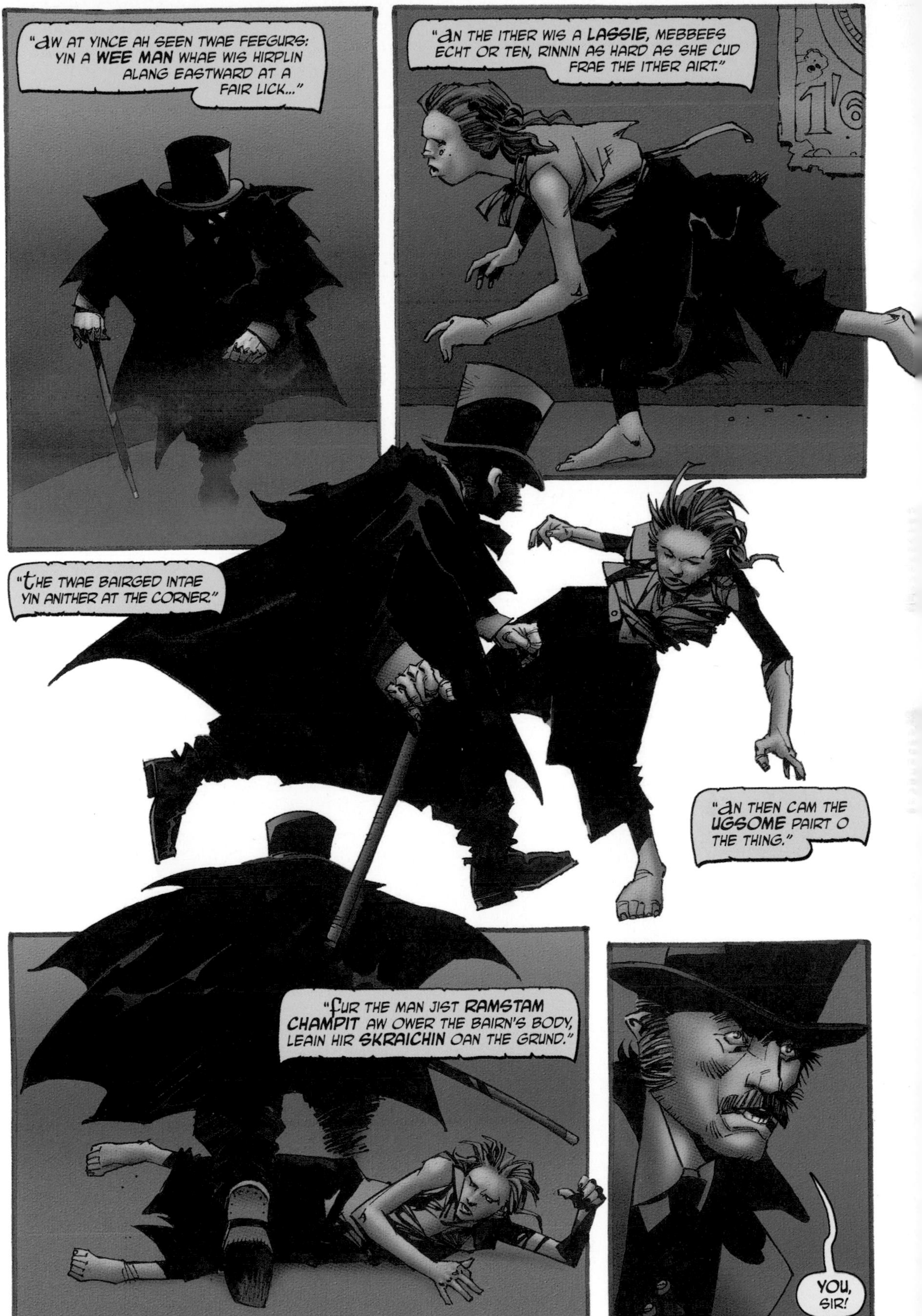
"AW AT YINCE AH SEEN TWAE FEEGURS: YIN A WEE MAN WHAE WIS HIRPLIN ALANG EASTWARD AT A FAIR LICK..."
"AN THE ITHER WIS A LASSIE, MEBBEES ECHT OR TEN, RINNIN AS HARD AS SHE CUD FRAE THE ITHER AIRT."
"THE TWAE BAIRGED INTAE YIN ANITHER AT THE CORNER."
"AN THEN CAM THE UGSOME PAIRT O THE THING."
"FUR THE MAN JIST RAMSTAM CHAMPIT AW OWER THE BAIRN'S BODY, LEAIN HIR SKRAICHIN OAN THE GRUND."
YOU, SIR!

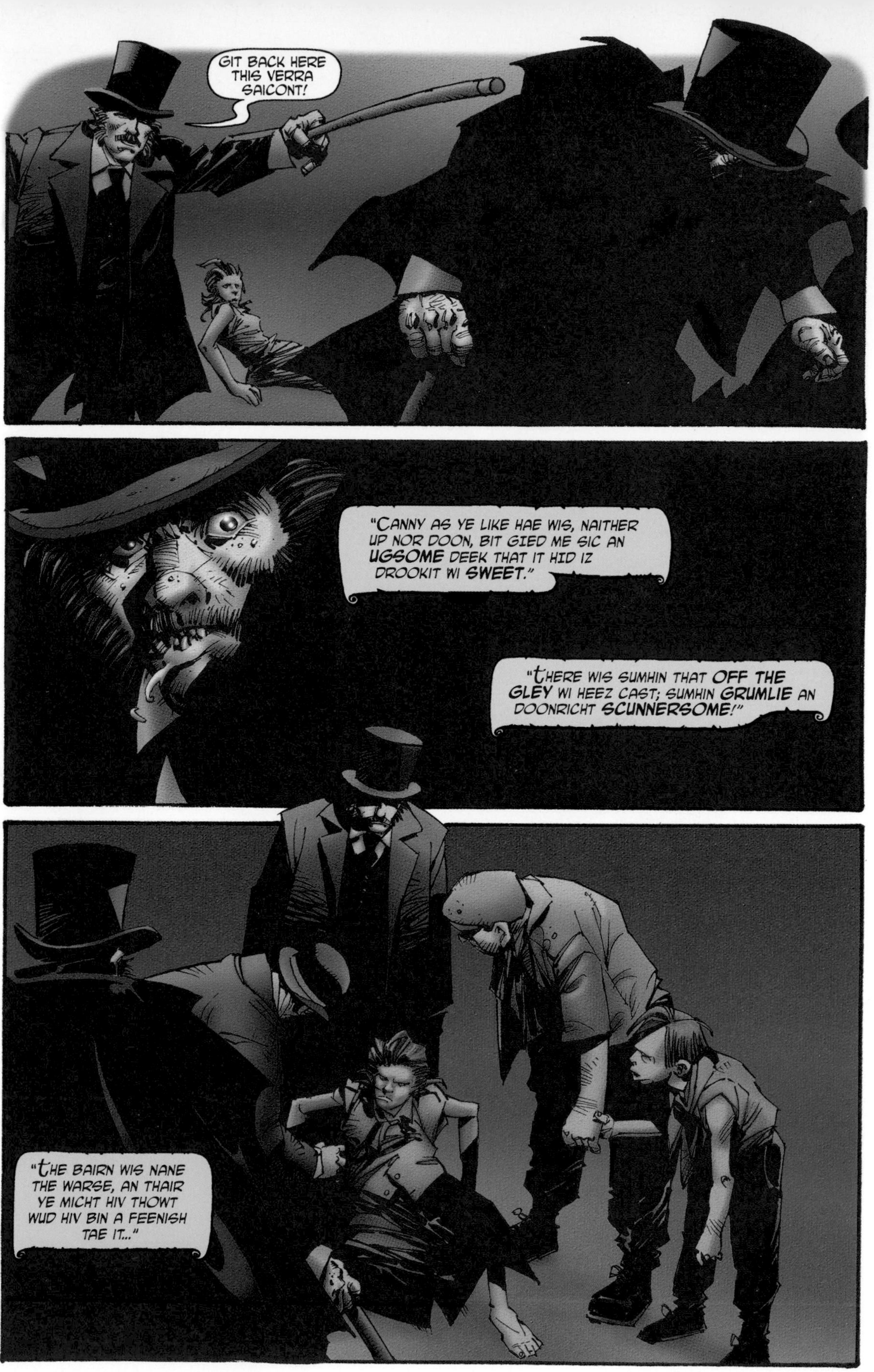
GIT BACK HERE THIS VERRA SAICONT!
"CANNY AS YE LIKE HAE WIS, NAITHER UP NOR DOON, BIT GIED ME SIC AN UGSOME DEEK THAT IT HID IZ DROOKIT WI SWEET."
"THERE WIS SUMHIN THAT OFF THE GLEY WI HEEZ CAST; SUMHIN GRUMLIE AN DOONRICHT SCUNNERSOME!"
"THE BAIRN WIS NANE THE WARSE, AN THAIR YE MICHT HIV THOWT WUD HIV BIN A FEENISH TAE IT..."

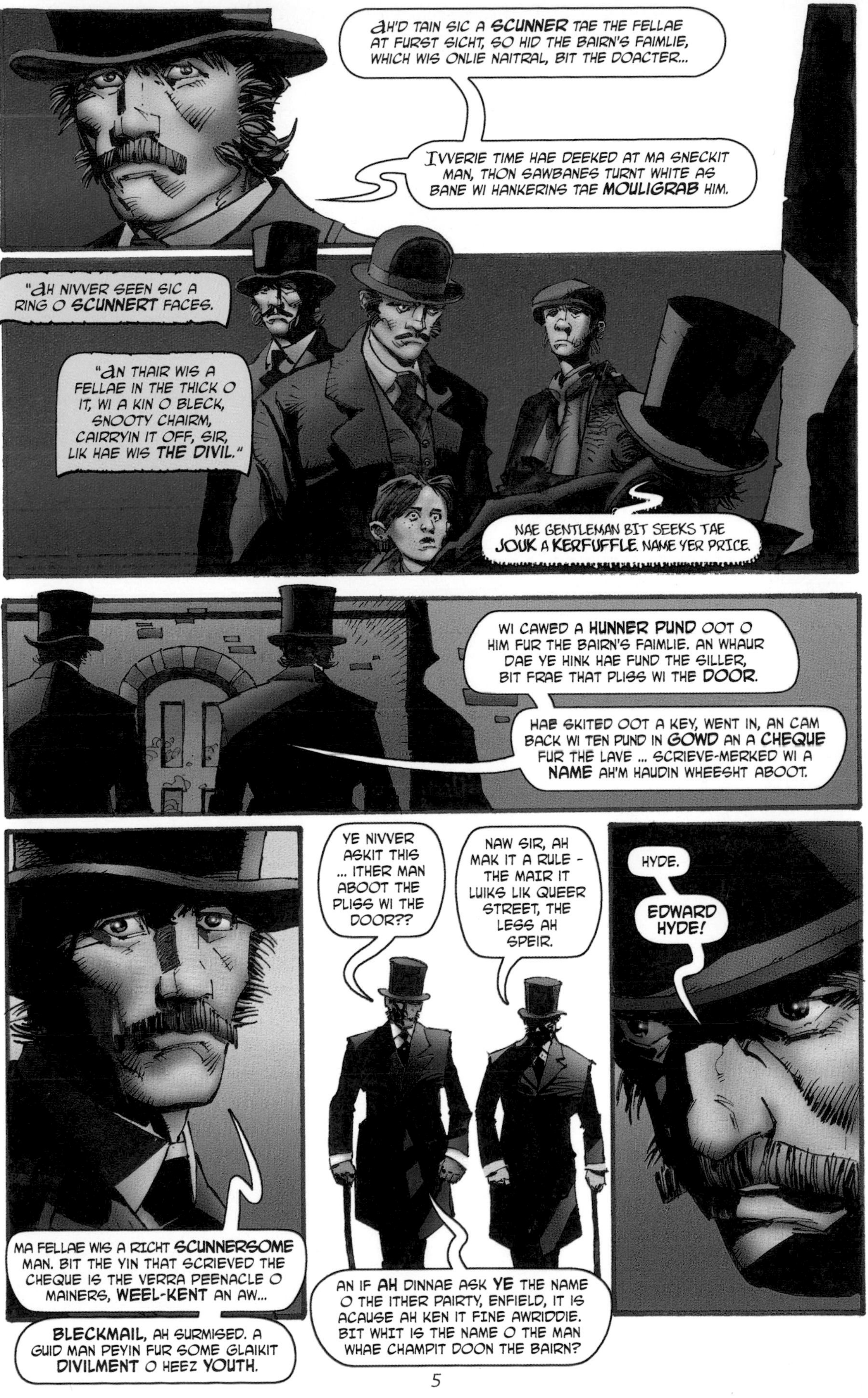
AH'D TAIN SIC A SCUNNER TAE THE FELLAE AT FURST SICHT, SO HID THE BAIRN'S FAIMLIE, WHICH WIS ONLIE NAITRAL, BIT THE DOACTER...
IVVERIE TIME HAE DEEKED AT MA SNECKIT MAN, THON SAWBANES TURNT WHITE AS BANE WI HANKERINS TAE MOULIGRAB HIM.
"AH NIVVER SEEN SIC A RING O SCUNNERT FACES.
"AN THAIR WIS A FELLAE IN THE THICK O IT, WI A KIN O BLECK, SNOOTY CHAIRM, CAIRRYIN IT OFF, SIR, LIK HAE WIS THE DIVIL."
NAE GENTLEMAN BIT SEEKS TAE JOUK A KERFUFFLE. NAME YER PRICE.
WI CAWED A HUNNER PUND OOT O HIM FUR THE BAIRN'S FAIMLIE. AN WHAUR DAE YE HINK HAE FUND THE SILLER, BIT FRAE THAT PLISS WI THE DOOR.
HAE SKITED OOT A KEY, WENT IN, AN CAM BACK WI TEN PUND IN GOWD AN A CHEQUE FUR THE LAVE ... SCRIEVE-MERKED WI A NAME AH'M HAUDIN WHEESHT ABOOT.
MA FELLAE WIS A RICHT SCUNNERSOME MAN. BIT THE YIN THAT SCRIEVED THE CHEQUE IS THE VERRA PEENACLE O MAINERS, WEEL-KENT AN AW...
BLECKMAIL, AH SURMISED. A GUID MAN PEYIN FUR SOME GLAIKIT DIVILMENT O HEEZ YOUTH.
YE NIVVER ASKIT THIS ... ITHER MAN ABOOT THE PLISS WI THE DOOR??
NAW SIR, AH MAK IT A RULE - THE MAIR IT LUIKS LIK QUEER STREET, THE LESS AH SPEIR.
AN IF AH DINNAE ASK YE THE NAME O THE ITHER PAIRTY, ENFIELD, IT IS ACAUSE AH KEN IT FINE AWRIDDIE. BIT WHIT IS THE NAME O THE MAN WHAE CHAMPIT DOON THE BAIRN?
HYDE.
EDWARD HYDE!

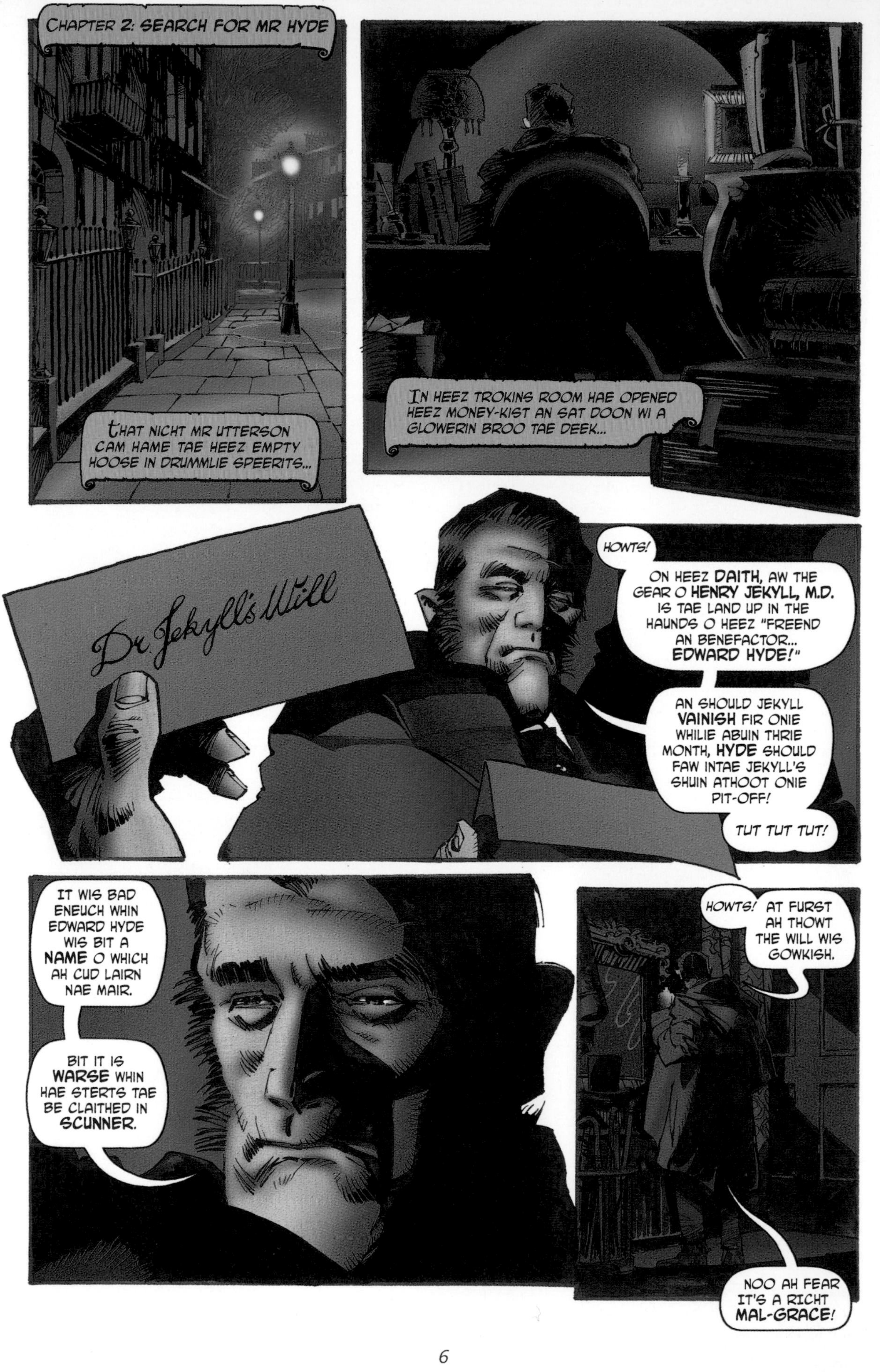
CHAPTER 2: SEARCH FOR MR HYDE
THAT NICHT MR UTTERSON CAM HAME TAE HEEZ EMPTY HOOSE IN DRUMMLIE SPEERITS...
IN HEEZ TROKING ROOM HAE OPENED HEEZ MONEY-KIST AN SAT DOON WI A GLOWERIN BROO TAE DEEK...
Dr. Jekyll's Will
HOWTS!
ON HEEZ DAITH, AW THE GEAR O HENRY JEKYLL, M.D. IS TAE LAND UP IN THE HAUNDS O HEEZ "FREEND AN BENEFACTOR... EDWARD HYDE!"
AN SHOULD JEKYLL VAINISH FIR ONIE WHILIE ABUIN THRIE MONTH, HYDE SHOULD FAW INTAE JEKYLL'S SHUIN ATHOOT ONIE PIT-OFF!
TUT TUT TUT!
IT WIS BAD ENEUCH WHIN EDWARD HYDE WIS BIT A NAME O WHICH AH CUD LAIRN NAE MAIR.
BIT IT IS WARSE WHIN HAE STERTS TAE BE CLAITHED IN SCUNNER.
HOWTS! AT FURST AH THOWT THE WILL WIS GOWKISH.
NOO AH FEAR IT'S A RICHT MAL-GRACE!

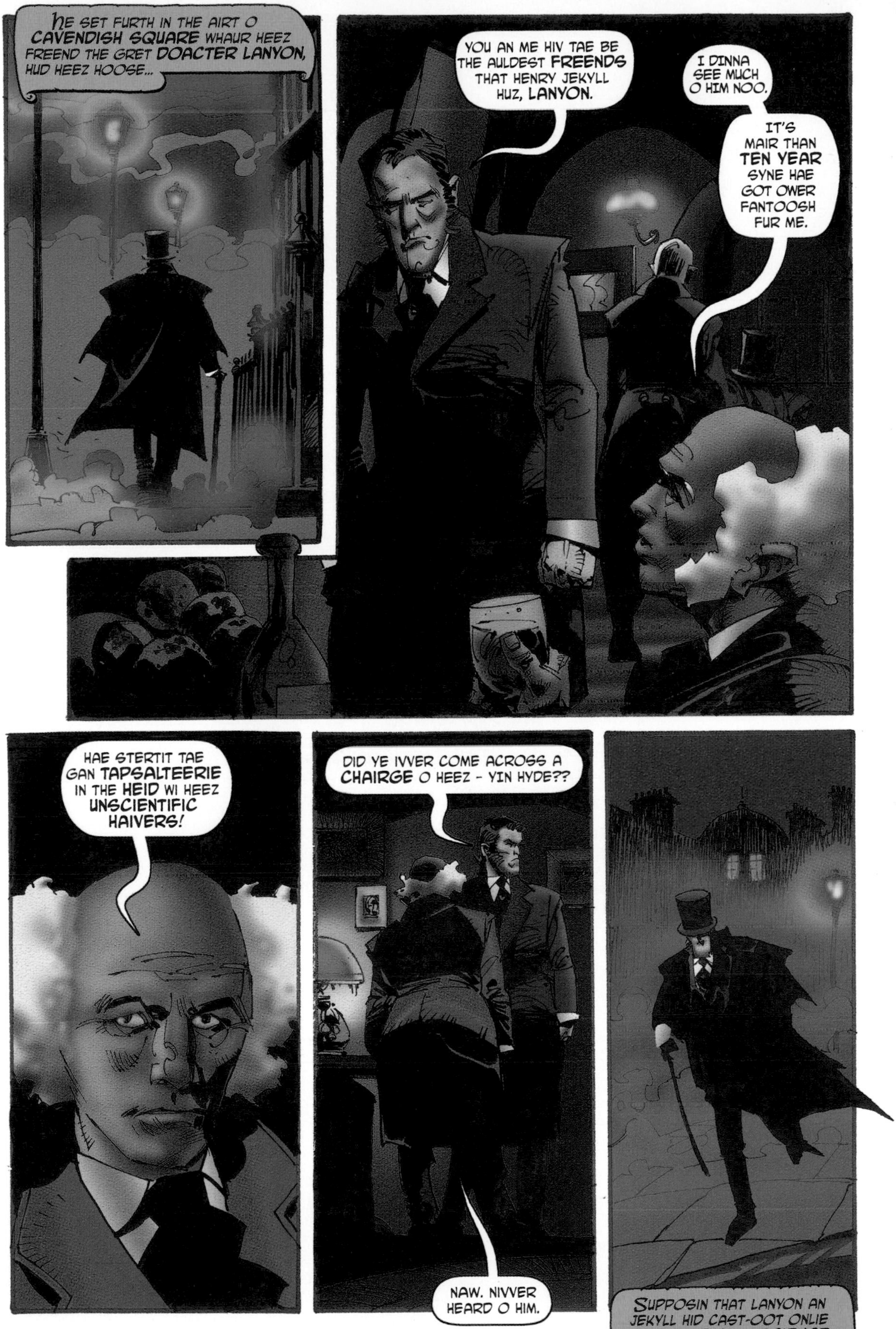
HE SET FURTH IN THE AIRT O CAVENDISH SQUARE WHAUR HEEZ FREEND THE GRET DOACTER LANYON, HUD HEEZ HOOSE...
YOU AN ME HIV TAE BE THE AULDEST FREENDS THAT HENRY JEKYLL HUZ, LANYON.
I DINNA SEE MUCH O HIM NOO.
IT'S MAIR THAN TEN YEAR SYNE HAE GOT OWER FANTOOSH FUR ME.
HAE STERTIT TAE GAN TAPSALTEERIE IN THE HEID WI HEEZ UNSCIENTIFIC HAIVERS!
DID YE IVVER COME ACROSS A CHAIRGE O HEEZ - YIN HYDE??
NAW. NIVVER HEARD O HIM.
SUPPOSIN THAT LANYON AN JEKYLL HID CAST-OOT ONLIE OWER YIN PINT O SCIENCE, UTTERSON GAED HAME....

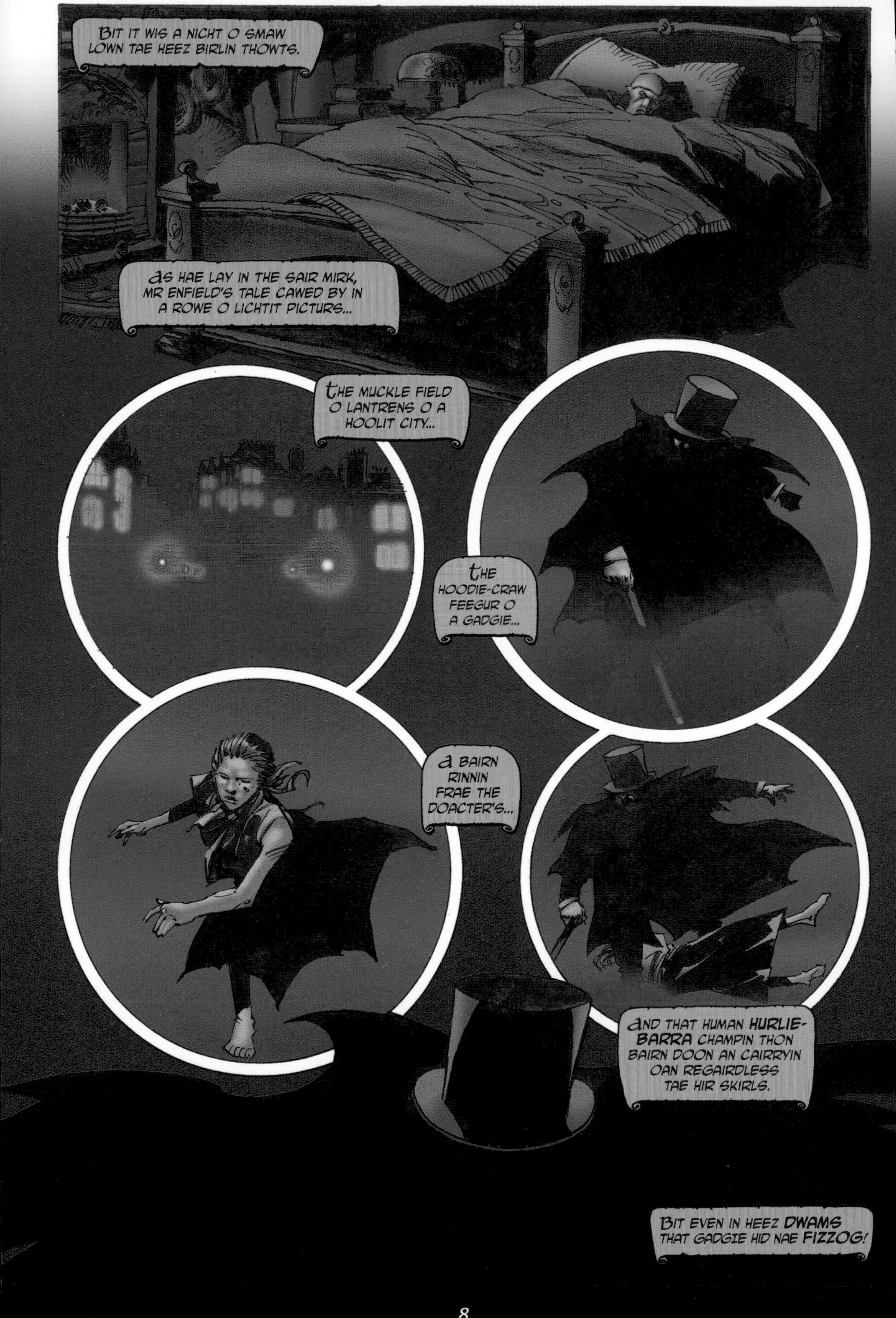
BIT IT WIS A NICHT O SMAW
LOWN TAE HEEZ BIRLIN THOWTS.
AS HAE LAY IN THE SAIR MIRK, MR ENFIELD'S TALE CAWED BY IN A ROWE O LICHTIT PICTURS...
THE MUCKLE FIELD O LANTRENS O A HOOLIT CITY...
THE HOODIE-CRAW FEEGUR O A GADGIE...
A BAIRN RINNIN FRAE THE DOACTER'S...
AND THAT HUMAN HURLIE-BARRA CHAMPIN THON BAIRN DOON AN CAIRRYIN OAN REGAIRDLESS TAE HIR SKIRLS.
BIT EVEN IN HEEZ DWAMS THAT GADGIE HID NAE FIZZOG!

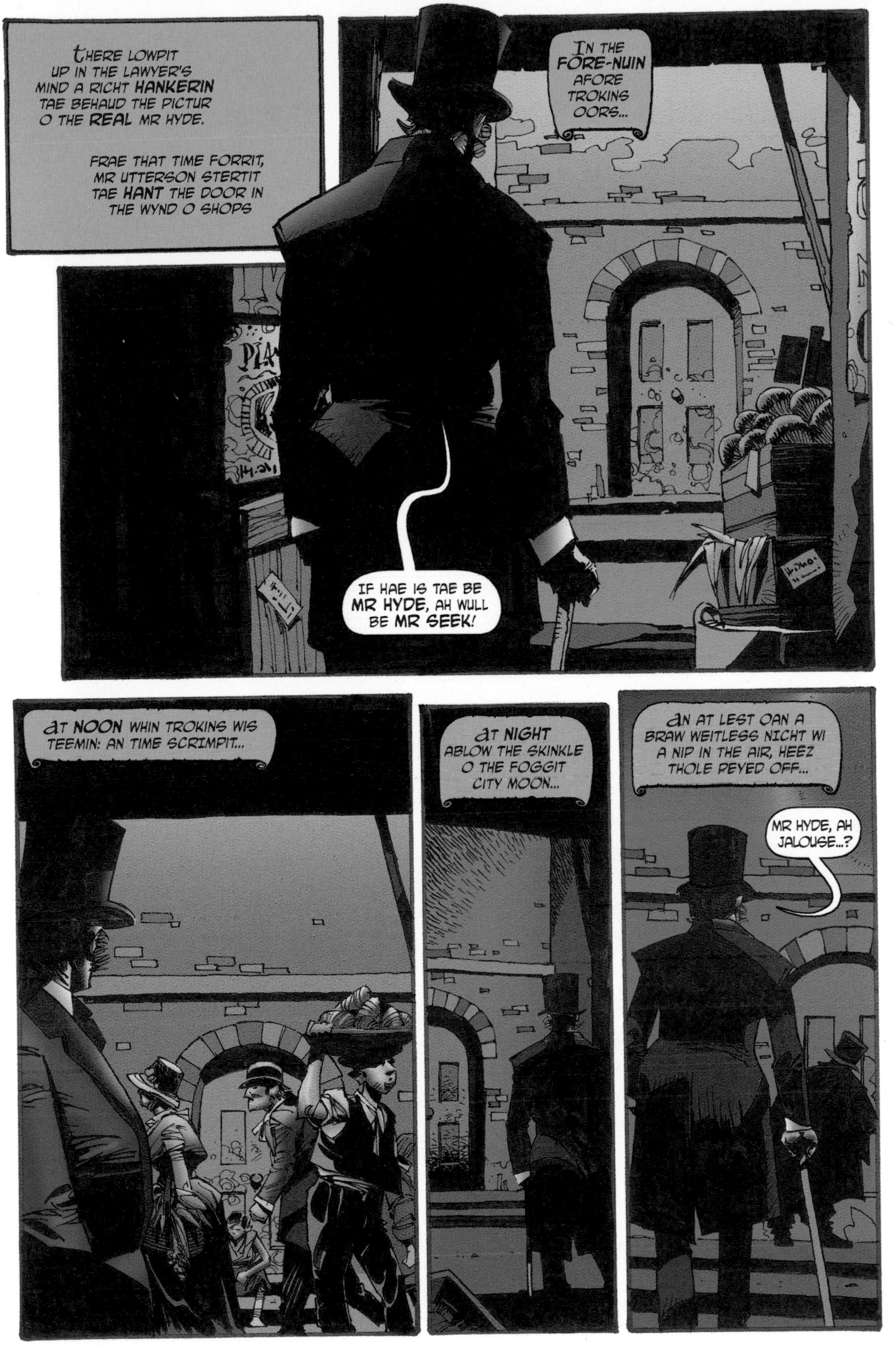

THERE LOWPIT UP IN THE LAWYER'S MIND A RICHT HANKERIN TAE BEHAUD THE PICTUR O THE REAL MR HYDE.
FRAE THAT TIME FORRIT, MR UTTERSON STERTIT TAE HANT THE DOOR IN THE WYND O SHOPS
IN THE FORE-NUIN AFORE TROKINS OORS...
IF HAE IS TAE BE MR HYDE, AH WULL BE MR SEEK!
AT NOON WHIN TROKINS WIS TEEMIN: AN TIME SCRIMPIT...
AT NIGHT ABLOW THE SKINKLE O THE FOGGIT CITY MOON...
AN AT LEST OAN A BRAW WEITLESS NICHT WI A NIP IN THE AIR, HEEZ THOLE PEYED OFF...
MR HYDE, AH JALOUSE...?

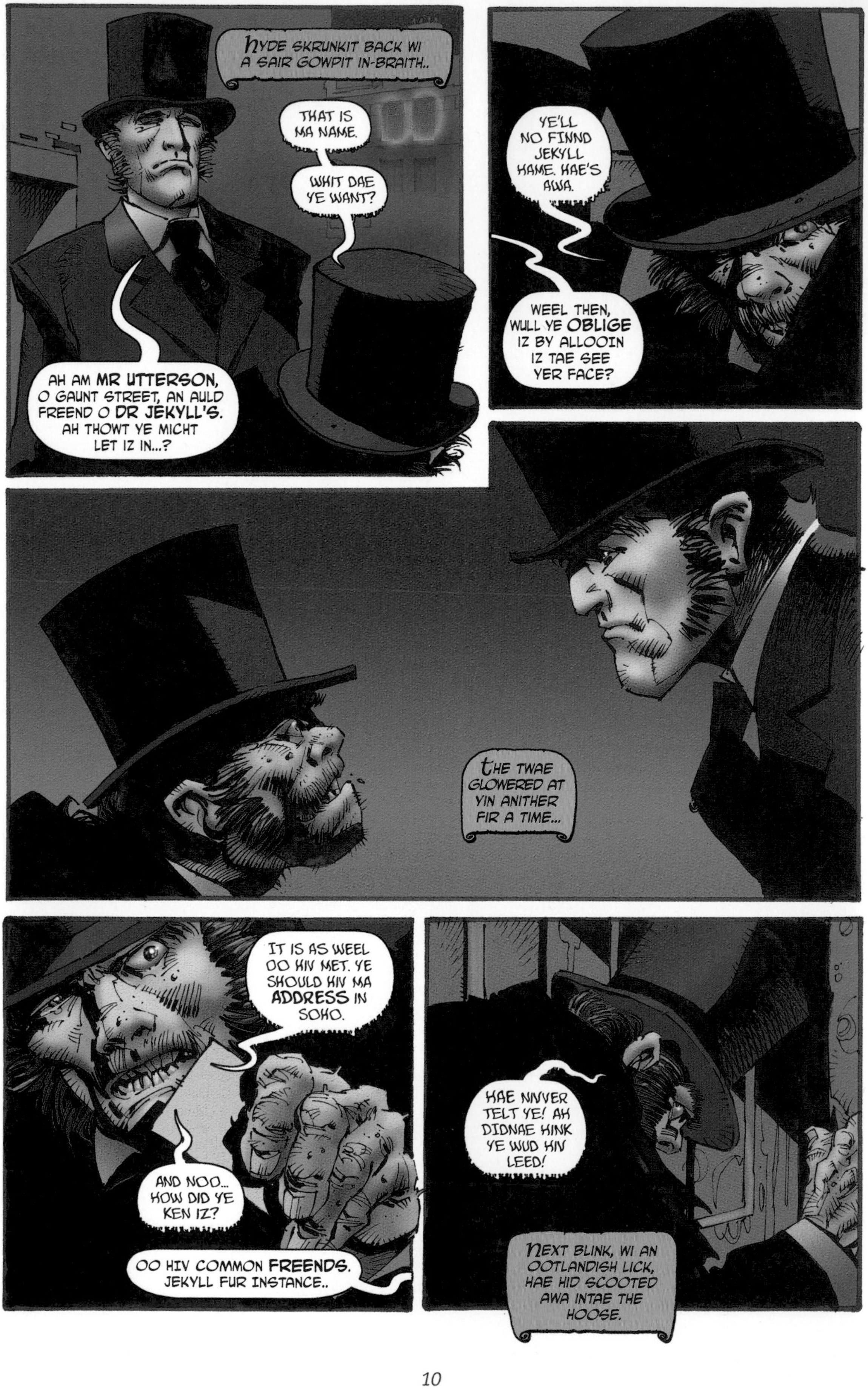
Hyde skrunkit back wi a sair gowpit in-braith..
That is ma name.
Whit dae ye want?
Ah am Mr Utterson, o Gaunt Street, an auld freend o Dr Jekyll's. Ah thowt ye micht let iz in...?
Ye'll no finnd Jekyll hame. Hae's awa.
Weel then, wull ye oblige iz by allooin iz tae see yer face?
The twae glowered at yin anither fir a time...
It is as weel oo hiv met. Ye should hiv ma address in Soho.
And noo... how did ye ken iz?
Oo hiv common freends. Jekyll fur instance..
Hae nivver telt ye! Ah didnae hink ye wud hiv leed!
Next blink, wi an ootlandish lick, hae hid scooted awa intae the hoose.

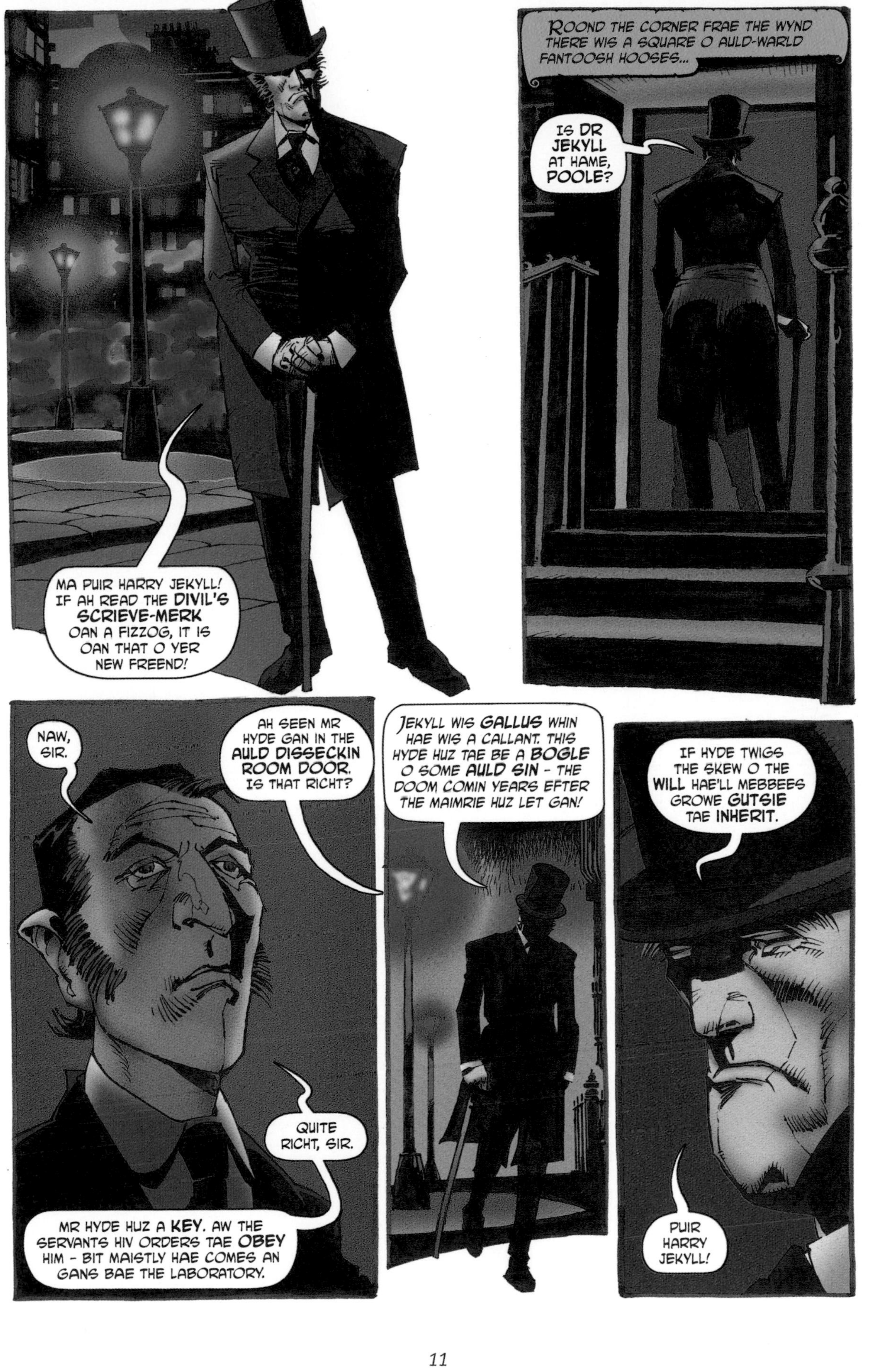

MA PUIR HARRY JEKYLL! IF AH READ THE DIVIL'S SCRIEVE-MERK OAN A FIZZOG, IT IS OAN THAT O YER NEW FREEND!
ROOND THE CORNER FRAE THE WYND THERE WIS A SQUARE O AULD-WARLD FANTOOSH HOOSES...
IS DR JEKYLL AT HAME, POOLE?
NAW, SIR.
AH SEEN MR HYDE GAN IN THE AULD DISSECKIN ROOM DOOR. IS THAT RICHT?
QUITE RICHT, SIR.
MR HYDE HUZ A KEY. AW THE SERVANTS HIV ORDERS TAE OBEY HIM - BIT MAISTLY HAE COMES AN GANS BAE THE LABORATORY.
JEKYLL WIS GALLUS WHIN HAE WIS A CALLANT. THIS HYDE HUZ TAE BE A BOGLE O SOME AULD SIN - THE DOOM COMIN YEARS EFTER THE MAIMRIE HUZ LET GAN!
IF HYDE TWIGS THE SKEW O THE WILL HAE'LL MEBBEES GROWE GUTSIE TAE INHERIT.
PUIR HARRY JEKYLL!

Chapter 3: Dr Jekyll Was Fair at Lown

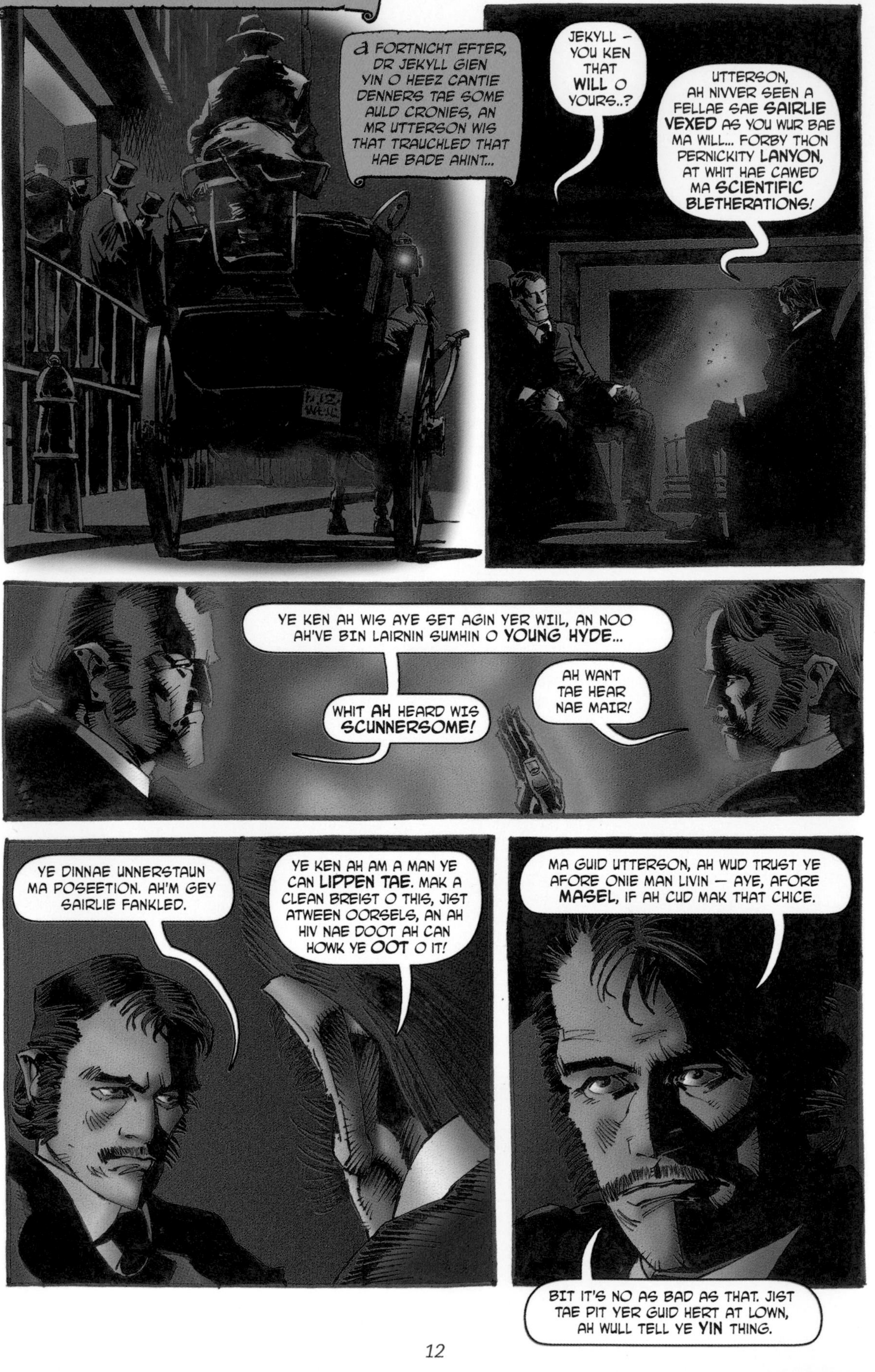
A fortnicht efter, Dr Jekyll gien yin o heez cantie denners tae some auld cronies, an Mr Utterson wis that trauchled that hae bade ahint...
Jekyll – you ken that WILL o yours..?
Utterson, ah nivver seen a fellae sae SAIRLIE VEXED as you wur bae ma will... forby thon pernickity LANYON, at whit hae cawed ma SCIENTIFIC BLETHERATIONS!
Ye ken ah wis aye set agin yer wil, an noo ah've bin lairnin sumhin o YOUNG HYDE...
Whit AH heard wis SCUNNERSOME!
Ah want tae hear nae mair!
Ye dinnae unnerstaun ma poseetion. Ah'm gey sairlie fankled.
Ye ken ah am a man ye can LIPPEN TAE. Mak a clean breist o this, jist atween oorsels, an ah hiv nae doot ah can howk ye OOT o it!
Ma guid Utterson, ah wud trust ye afore onie man livin – aye, afore MASEL, if ah cud mak that chice.
Bit it's no as bad as that. Jist tae pit yer guid hert at lown, ah wull tell ye YIN thing.

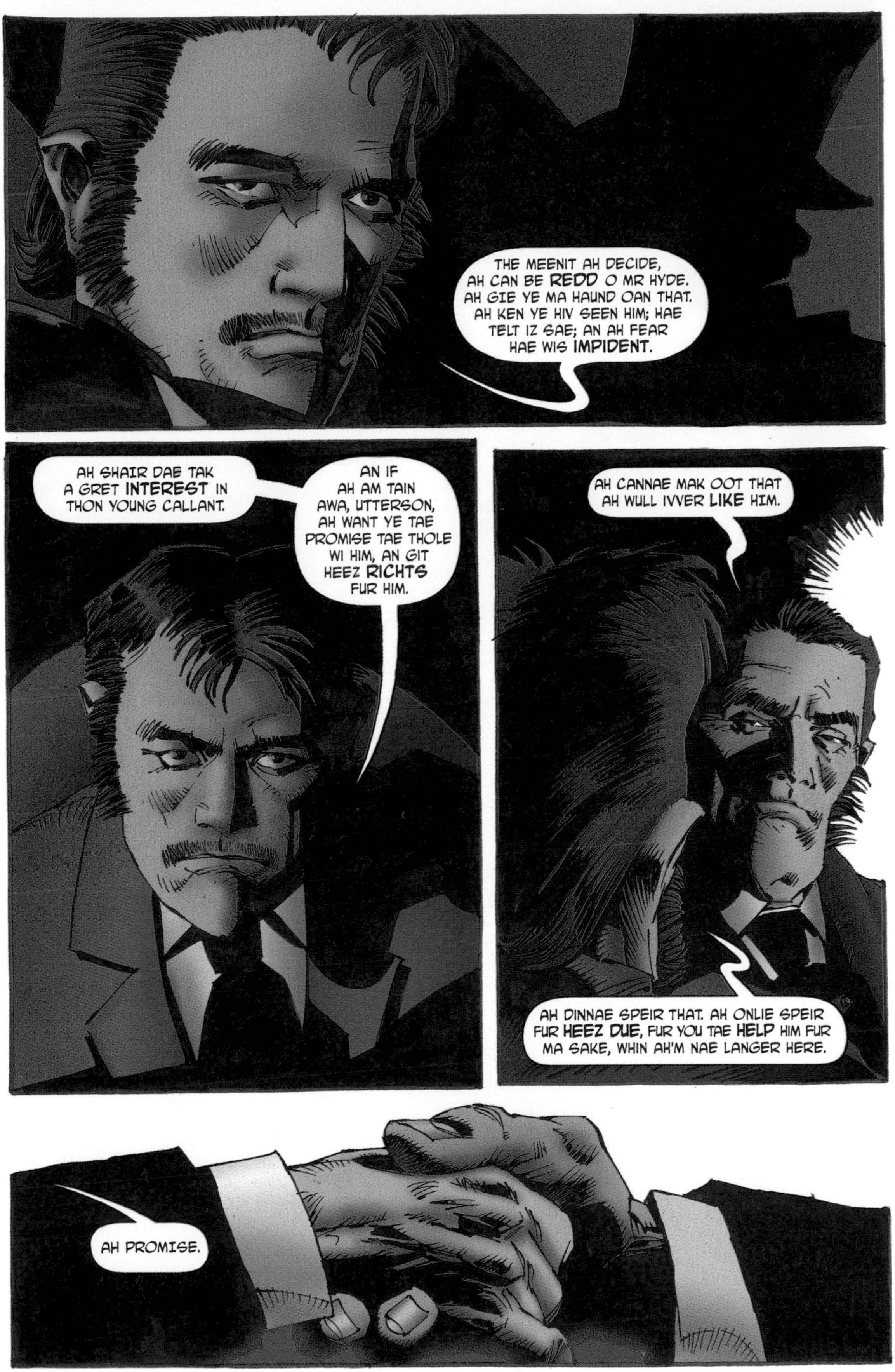
THE MEENIT AH DECIDE, AH CAN BE REDD O MR HYDE. AH GIE YE MA HAUND OAN THAT. AH KEN YE HIV SEEN HIM; HAE TELT IZ SAE; AN AH FEAR HAE WIS IMPIDENT.
AH SHAIR DAE TAK A GRET INTEREST IN THON YOUNG CALLANT.
AN IF AH AM TAIN AWA, UTTERSON, AH WANT YE TAE PROMISE TAE THOLE WI HIM, AN GIT HEEZ RICHTS FUR HIM.
AH CANNAE MAK OOT THAT AH WULL IVVER LIKE HIM.
AH DINNAE SPEIR THAT. AH ONLIE SPEIR FUR HEEZ DUE, FUR YOU TAE HELP HIM FUR MA SAKE, WHIN AH'M NAE LANGER HERE.
AH PROMISE.

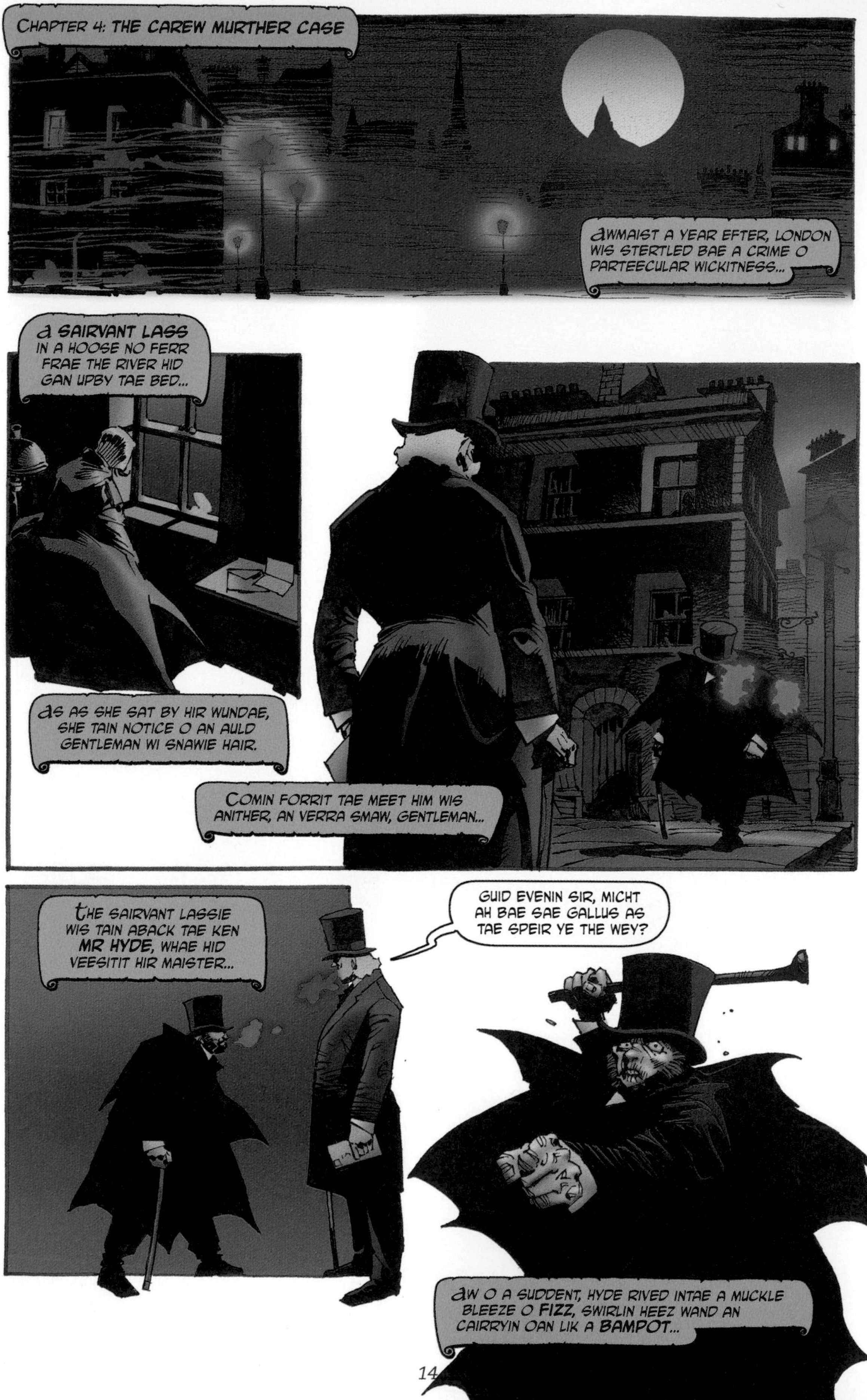
Chapter 4: The Carew Murther Case
Awmaist a year efter, London wis stertled bae a crime o parteecular wickitness...
A sairvant lass in a hoose no ferr frae the river hid gan upby tae bed...
As as she sat by hir wundae, she tain notice o an auld gentleman wi snawie hair.
Comin forrit tae meet him wis anither, an verra smaw, gentleman...
The sairvant lassie wis tain aback tae ken MR HYDE, whae hid veesitit hir maister...
Guid evenin sir, micht ah bae sae gallus as tae speir ye the wey?
Aw o a suddent, Hyde rived intae a muckle bleeze o FIZZ, swirlin heez wand an cairryin oan lik a BAMPOT...

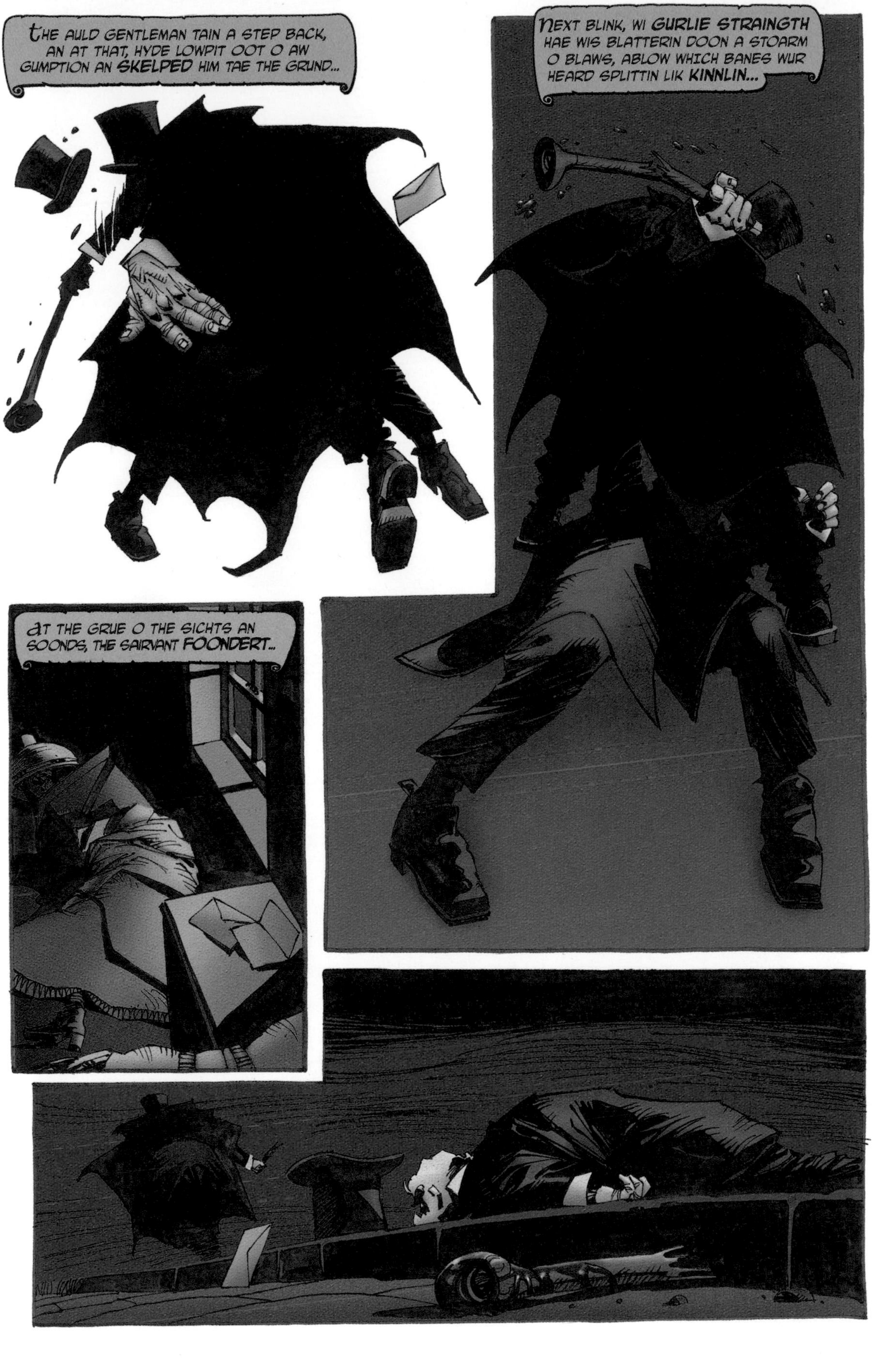

THE AULD GENTLEMAN TAIN A STEP BACK, AN AT THAT, HYDE LOWPIT OOT O AW GUMPTION AN SKELPED HIM TAE THE GRUND...
NEXT BLINK, WI GURLIE STRAINGTH HAE WIS BLATTERIN DOON A STOARM O BLAWS, ABLOW WHICH BANES WUR HEARD SPLITTIN LIK KINNLIN...
AT THE GRUE O THE SICHTS AN SOONDS, THE SAIRVANT FOONDERT...

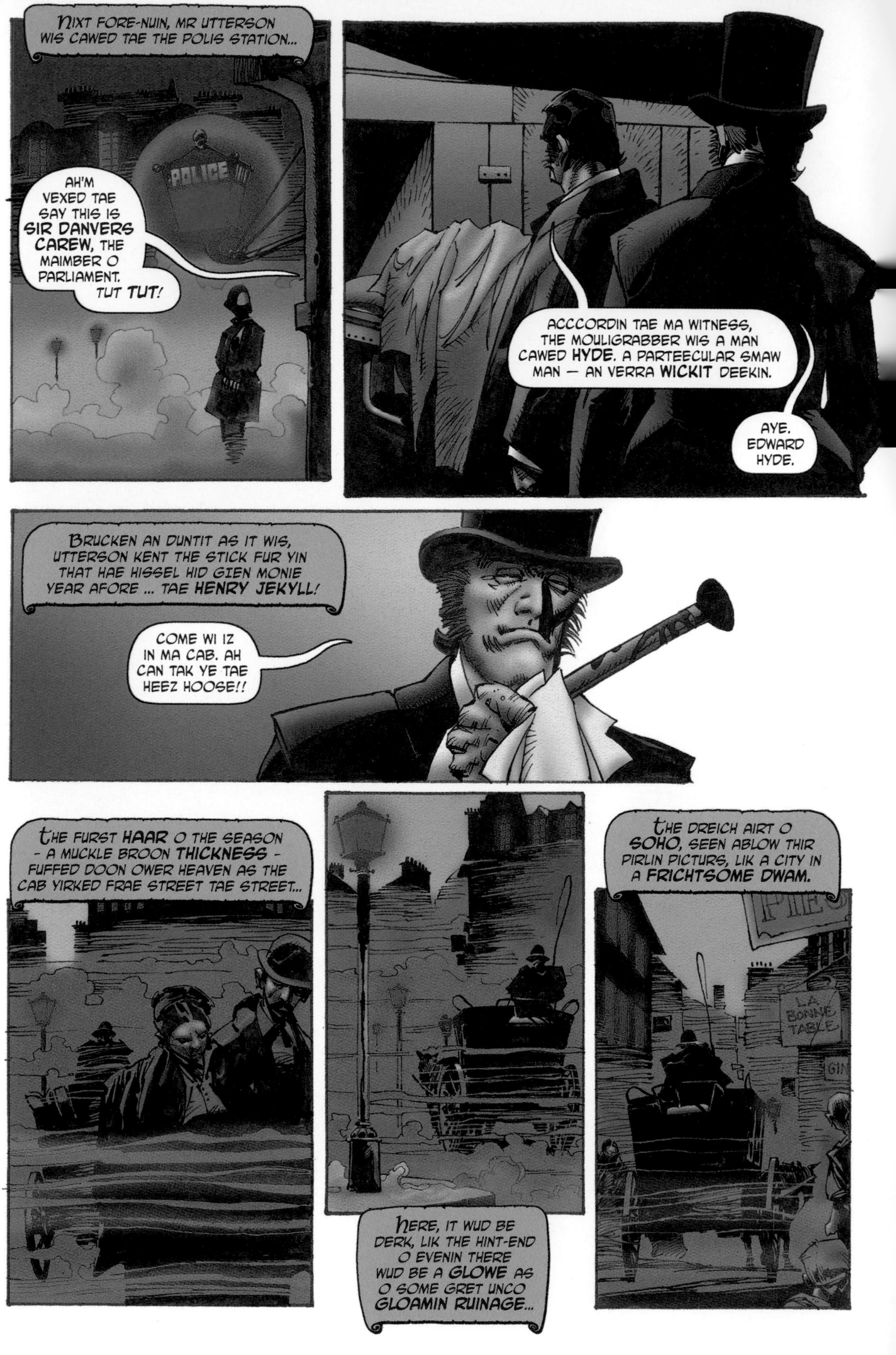
NIXT FORE-NUIN, MR UTTERSON WIS CAWED TAE THE POLIS STATION...
POLICE
AH'M VEXED TAE SAY THIS IS SIR DANVERS CAREW, THE MAIMBER O PARLIAMENT. TUT TUT!
ACCCORDIN TAE MA WITNESS, THE MOULIGRABBER WIS A MAN CAWED HYDE. A PARTEECULAR SMAW MAN — AN VERRA WICKIT DEEKIN.
AYE. EDWARD HYDE.
BRUCKEN AN DUNTIT AS IT WIS, UTTERSON KENT THE STICK FUR YIN THAT HAE HISSEL HID GIEN MONIE YEAR AFORE ... TAE HENRY JEKYLL!
COME WI IZ IN MA CAB. AH CAN TAK YE TAE HEEZ HOOSE!!
THE FURST HAAR O THE SEASON - A MUCKLE BROON THICKNESS - FUFFED DOON OWER HEAVEN AS THE CAB YIRKED FRAE STREET TAE STREET...
HERE, IT WUD BE DERK, LIK THE HINT-END O EVENIN THERE WUD BE A GLOWE AS O SOME GRET UNCO GLOAMIN RUINAGE...
THE DREICH AIRT O SOHO, SEEN ABLOW THIR PIRLIN PICTURS, LIK A CITY IN A FRICHTSOME DWAM.
LA BONNE TABLE
GIN

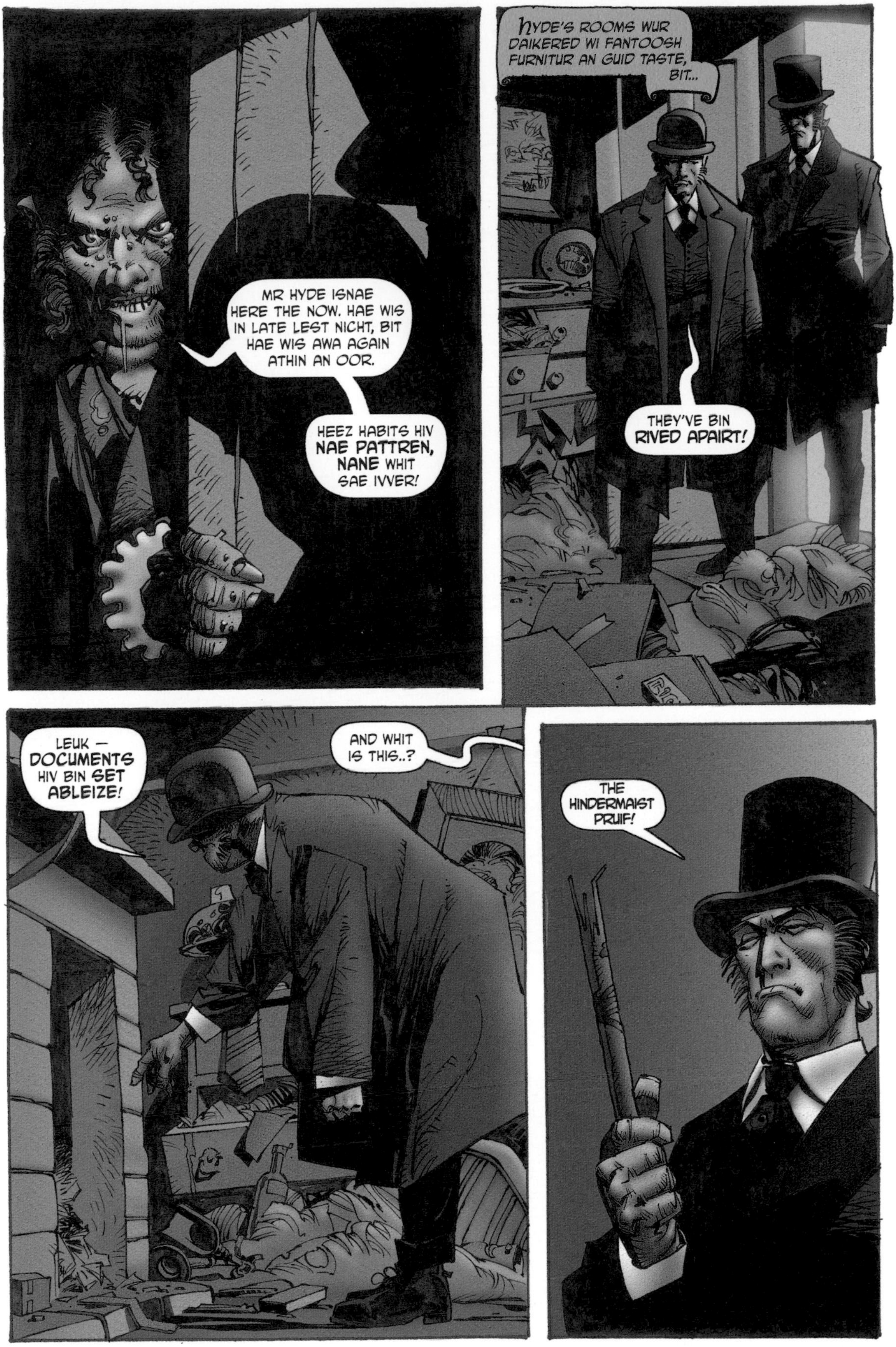
MR HYDE ISNAE HERE THE NOW. HAE WIS IN LATE LEST NICHT, BIT HAE WIS AWA AGAIN ATHIN AN OOR.
HEEZ HABITS HIV NAE PATTREN, NANE WHIT SAE IVVER!
HYDE'S ROOMS WUR DAIKERED WI FANTOOSH FURNITUR AN GUID TASTE, BIT...
THEY'VE BIN RIVED APAIRT!
LEUK — DOCUMENTS HIV BIN SET ABLEIZE!
AND WHIT IS THIS..?
THE HINDERMAIST PRUIF!

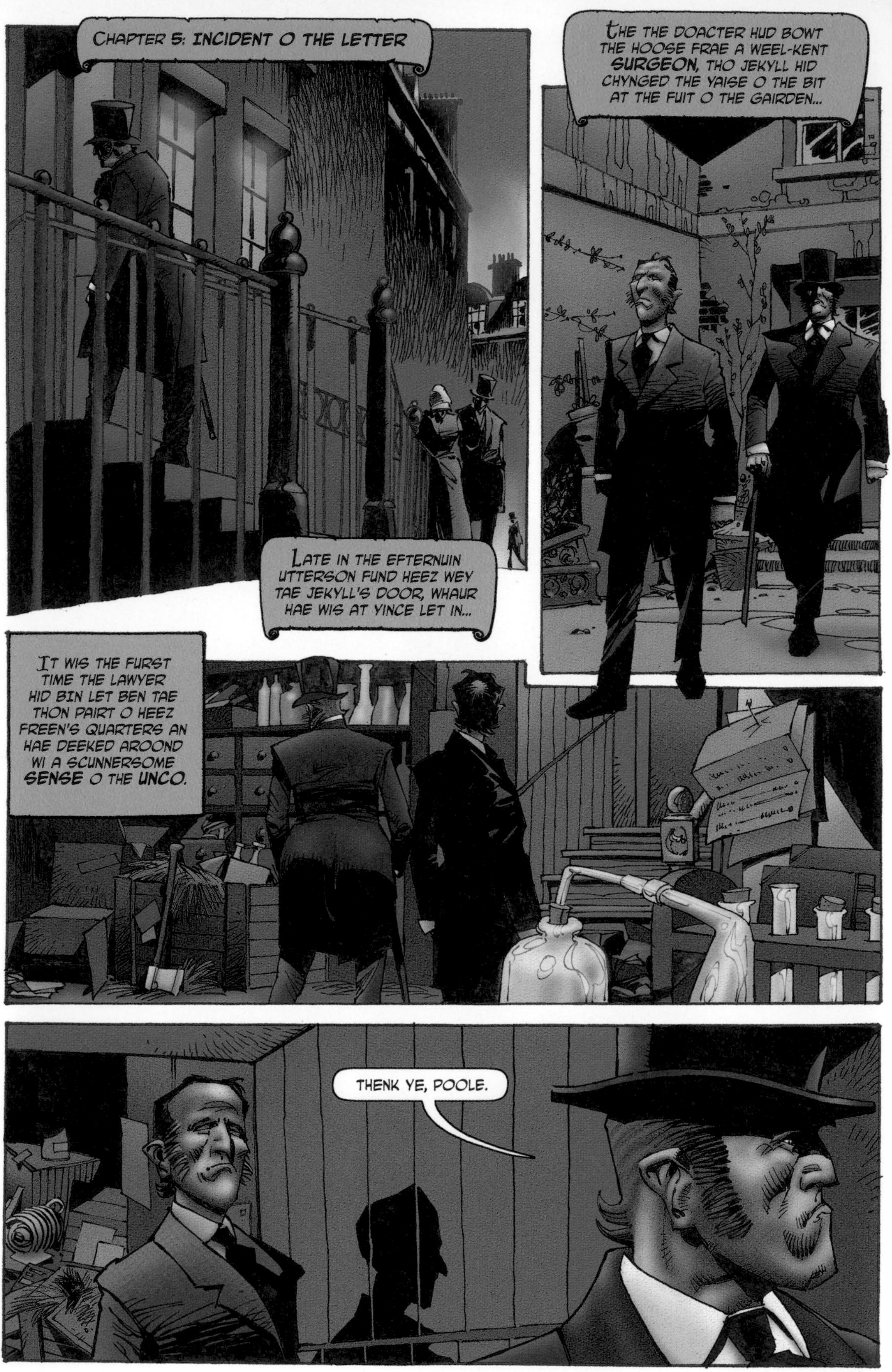
CHAPTER 5: INCIDENT O THE LETTER
THE THE DOACTER HUD BOWT THE HOOSE FRAE A WEEL-KENT SURGEON, THO JEKYLL HID CHYNGED THE YAISE O THE BIT AT THE FUIT O THE GAIRDEN...
LATE IN THE EFTERNUIN UTTERSON FUND HEEZ WEY TAE JEKYLL'S DOOR, WHAUR HAE WIS AT YINCE LET IN...
IT WIS THE FURST TIME THE LAWYER HID BIN LET BEN TAE THON PAIRT O HEEZ FREEN'S QUARTERS AN HAE DEEKED AROOND WI A SCUNNERSOME SENSE O THE UNCO.
THENK YE, POOLE.

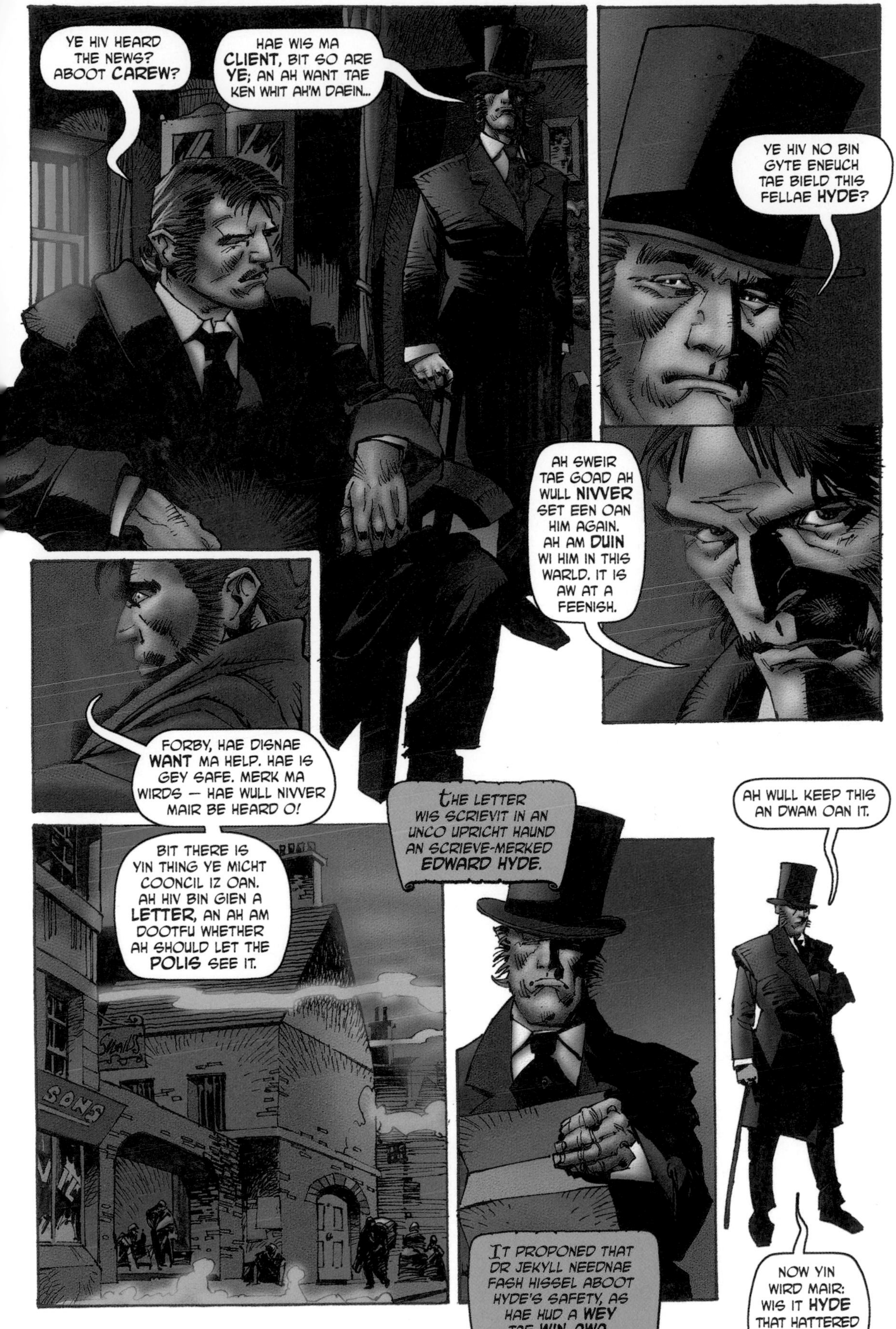

YE HIV HEARD THE NEWS? ABOOT CAREW?
HAE WIS MA CLIENT, BIT SO ARE YE; AN AH WANT TAE KEN WHIT AH'M DAEIN...
YE HIV NO BIN GYTE ENEUCH TAE BIELD THIS FELLAE HYDE?
AH SWEIR TAE GOAD AH WULL NIVVER SET EEN OAN HIM AGAIN. AH AM DUIN WI HIM IN THIS WARLD. IT IS AW AT A FEENISH.
FORBY, HAE DISNAE WANT MA HELP. HAE IS GEY SAFE. MERK MA WIRDS — HAE WULL NIVVER MAIR BE HEARD O!
BIT THERE IS YIN THING YE MICHT COONCIL IZ OAN. AH HIV BIN GIEN A LETTER, AN AH AM DOOTFU WHETHER AH SHOULD LET THE POLIS SEE IT.
SONS
THE LETTER WIS SCRIEVIT IN AN UNCO UPRICHT HAUND AN SCRIEVE-MERKED EDWARD HYDE.
IT PROPONED THAT DR JEKYLL NEEDNAE FASH HISSEL ABOOT HYDE'S SAFETY, AS HAE HUD A WEY TAE WIN AWA....
AH WULL KEEP THIS AN DWAM OAN IT.
NOW YIN WIRD MAIR: WIS IT HYDE THAT HATTERED THE TAIRMS O YER WILL?

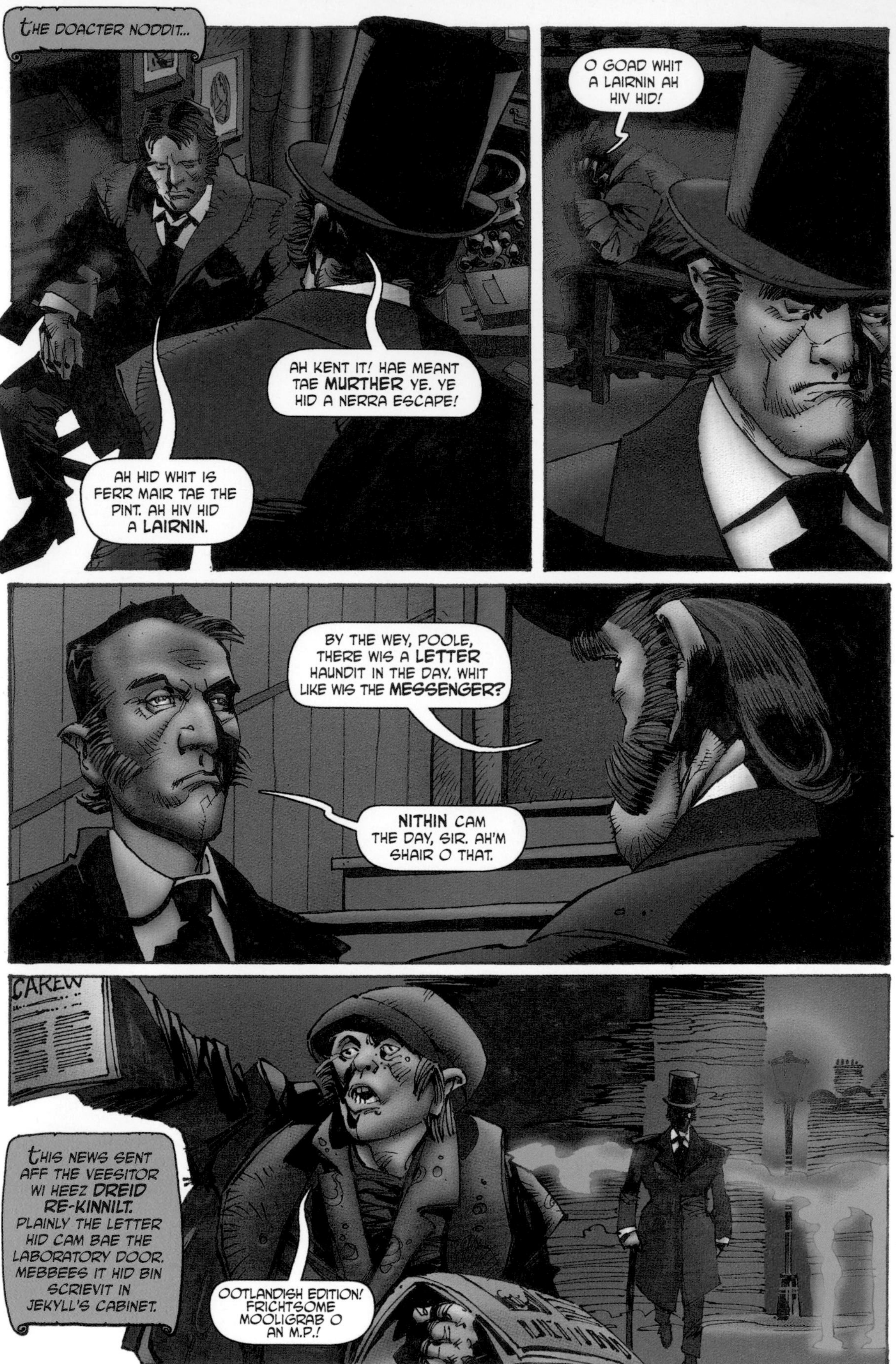
THE DOACTER NODDIT...
AH KENT IT! HAE MEANT TAE MURTHER YE. YE HID A NERRA ESCAPE!
AH HID WHIT IS FERR MAIR TAE THE PINT. AH HIV HID A LAIRNIN.
O GOAD WHIT A LAIRNIN AH HIV HID!
BY THE WEY, POOLE, THERE WIS A LETTER HAUNDIT IN THE DAY. WHIT LIKE WIS THE MESSENGER?
NITHIN CAM THE DAY, SIR. AH'M SHAIR O THAT.
CAREW
THIS NEWS SENT AFF THE VEESITOR WI HEEZ DREID RE-KINNILT. PLAINLY THE LETTER HID CAM BAE THE LABORATORY DOOR. MEBBEES IT HID BIN SCRIEVIT IN JEKYLL'S CABINET.
OOTLANDISH EDITION! FRICHTSOME MOOLIGRAB O AN M.P.!

THO APT TAE GAUN HEEZ AIN GATE, UTTERSON STERTIT TAE HANKER FUR WYCENESS OOTBY...

PRAISENTLY HAE SAT BY THE CHEEK O HEEZ AIN HERTH WI MR GUEST, HEEZ HEID CLERK, OAN THE ITHER....

THIS GADGIE HYDE, ACOURSE IS GYTE!

AH HIV A DOCUMENT HERE IN HYDE'S SCRIEVIN — A MOOLIGRABBER'S SCRIEVIN.

AN THIS IS A DENNER TRYST FRAE DR JEKYLL.

THERE IS A RAITHER PARTEECULAR LIKENESS, SIR. THE TWAE HAUNDS ARE IN MONIE PINTS IDENTICAL — ONLIE YIN IS SLANTIT THE ITHER WEY.

"WHIT?" THOWT UTTERSON, "HENRY JEKYLL SCRIEVE FUR A MOOLIGRABBER?"

Sir, I would your com please to you

n Utterson

AN HEEZ BLUID RIN CAULD IN HEEZ VEINS.

21

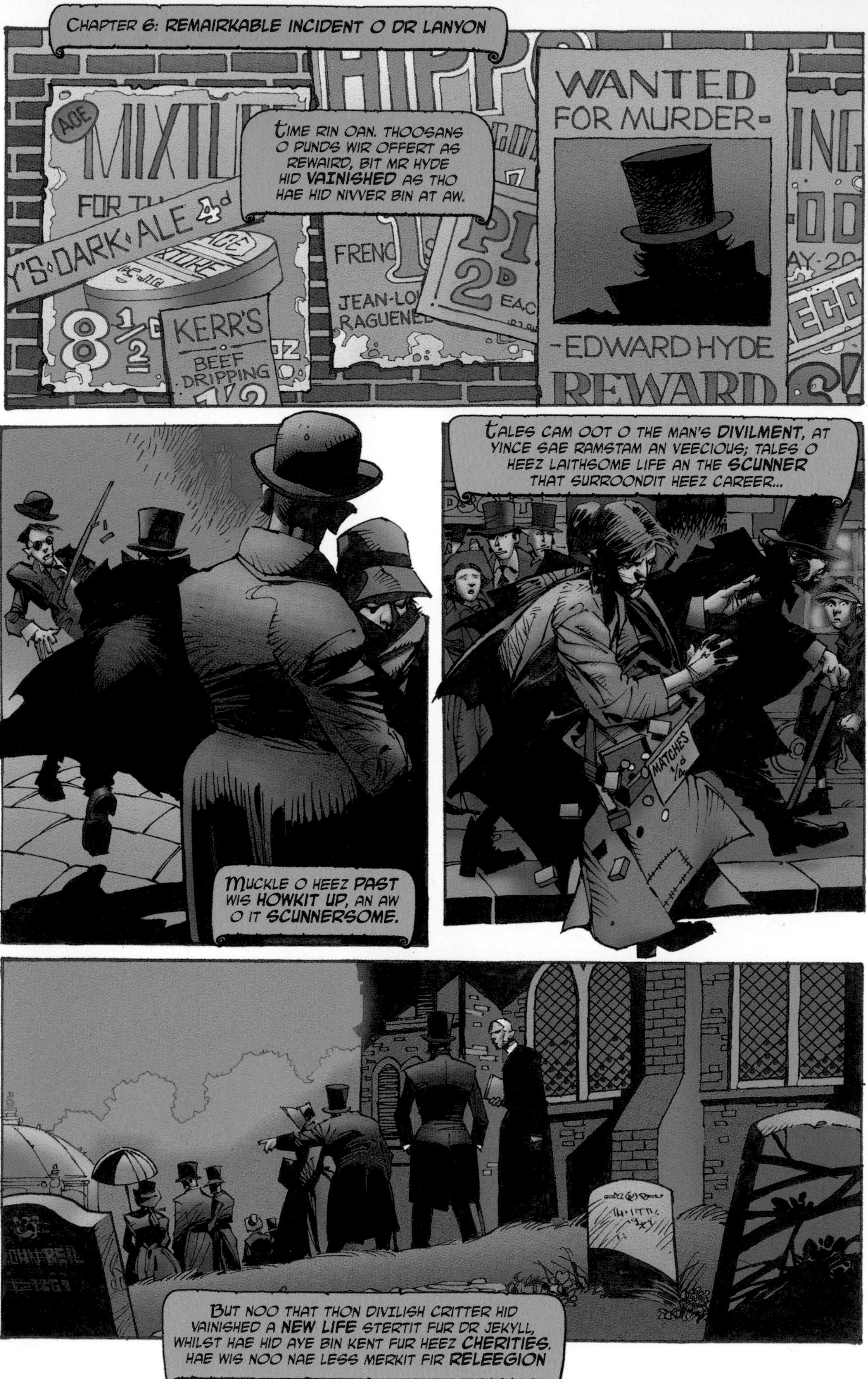
Chapter 6: REMAIRKABLE INCIDENT O DR LANYON
WANTED FOR MURDER-
-EDWARD HYDE
REWARD
DARK ALE 4d
KERR'S BEEF DRIPPING
2d
Time rin oan. Thoosans o punds wir offert as rewaird, bit Mr Hyde hid VAINISHED as tho hae hid nivver bin at aw.
Muckle o heez PAST wis HOWKIT UP, an aw o it SCUNNERSOME.
Tales cam oot o the man's DIVILMENT, at yince sae ramstam an veecious; tales o heez laithsome life an the SCUNNER that surroondit heez career...
MATCHES ¼d
But noo that thon divilish critter hid vainished a NEW LIFE stertit fur Dr Jekyll, whilst hae hid aye bin kent fur heez CHERITIES. Hae wis noo nae less merkit fir RELEEGION

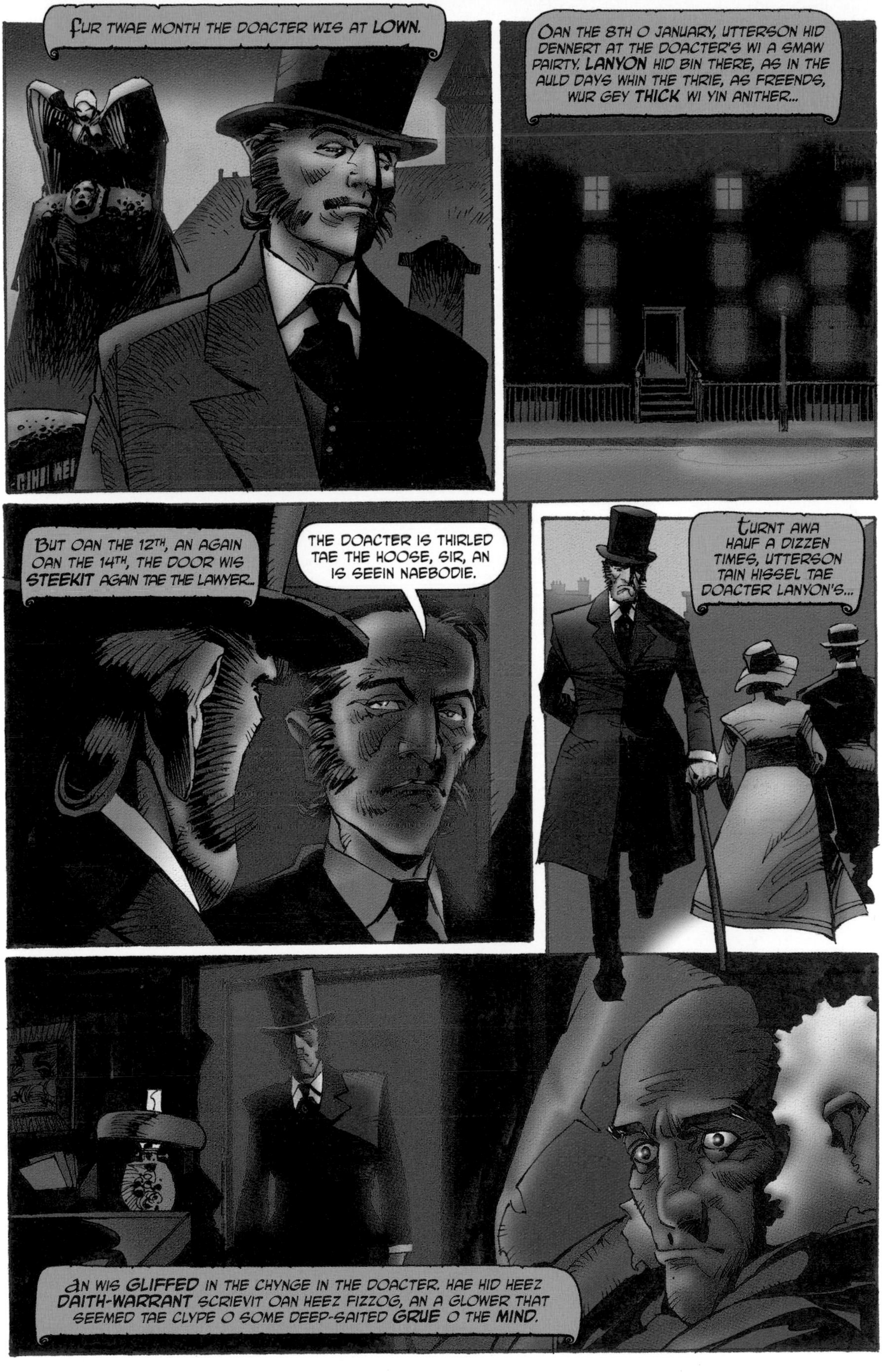
FUR TWAE MONTH THE DOACTER WIS AT LOWN.
OAN THE 8TH O JANUARY, UTTERSON HID DENNERT AT THE DOACTER'S WI A SMAW PAIRTY. LANYON HID BIN THERE, AS IN THE AULD DAYS WHIN THE THRIE, AS FREENDS, WUR GEY THICK WI YIN ANITHER...
BUT OAN THE 12TH, AN AGAIN OAN THE 14TH, THE DOOR WIS STEEKIT AGAIN TAE THE LAWYER...
THE DOACTER IS THIRLED TAE THE HOOSE, SIR, AN IS SEEIN NAEBODIE.
TURNT AWA HAUF A DIZZEN TIMES, UTTERSON TAIN HISSEL TAE DOACTER LANYON'S...
AN WIS GLIFFED IN THE CHYNGE IN THE DOACTER. HAE HID HEEZ DAITH-WARRANT SCRIEVIT OAN HEEZ FIZZOG, AN A GLOWER THAT SEEMED TAE CLYPE O SOME DEEP-SAITED GRUE O THE MIND.

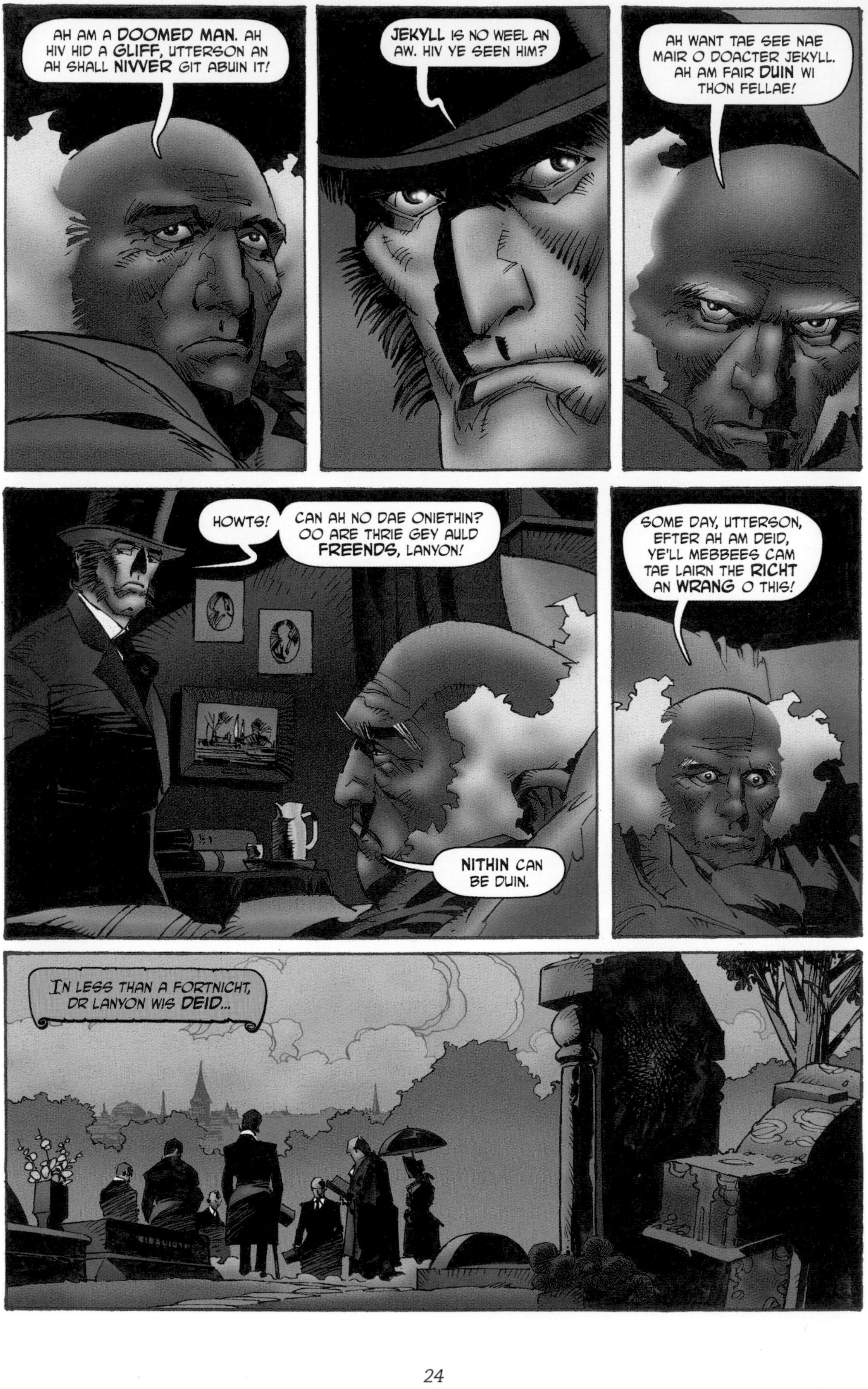
AH AM A DOOMED MAN. AH HIV HID A GLIFF, UTTERSON AN AH SHALL NIVVER GIT ABUIN IT!
JEKYLL IS NO WEEL AN AW. HIV YE SEEN HIM?
AH WANT TAE SEE NAE MAIR O DOACTER JEKYLL. AH AM FAIR DUIN WI THON FELLAE!
HOWTS!
CAN AH NO DAE ONIETHIN? OO ARE THRIE GEY AULD FREENDS, LANYON!
NITHIN CAN BE DUIN.
SOME DAY, UTTERSON, EFTER AH AM DEID, YE'LL MEBBEES CAM TAE LAIRN THE RICHT AN WRANG O THIS!
IN LESS THAN A FORTNICHT, DR LANYON WIS DEID...

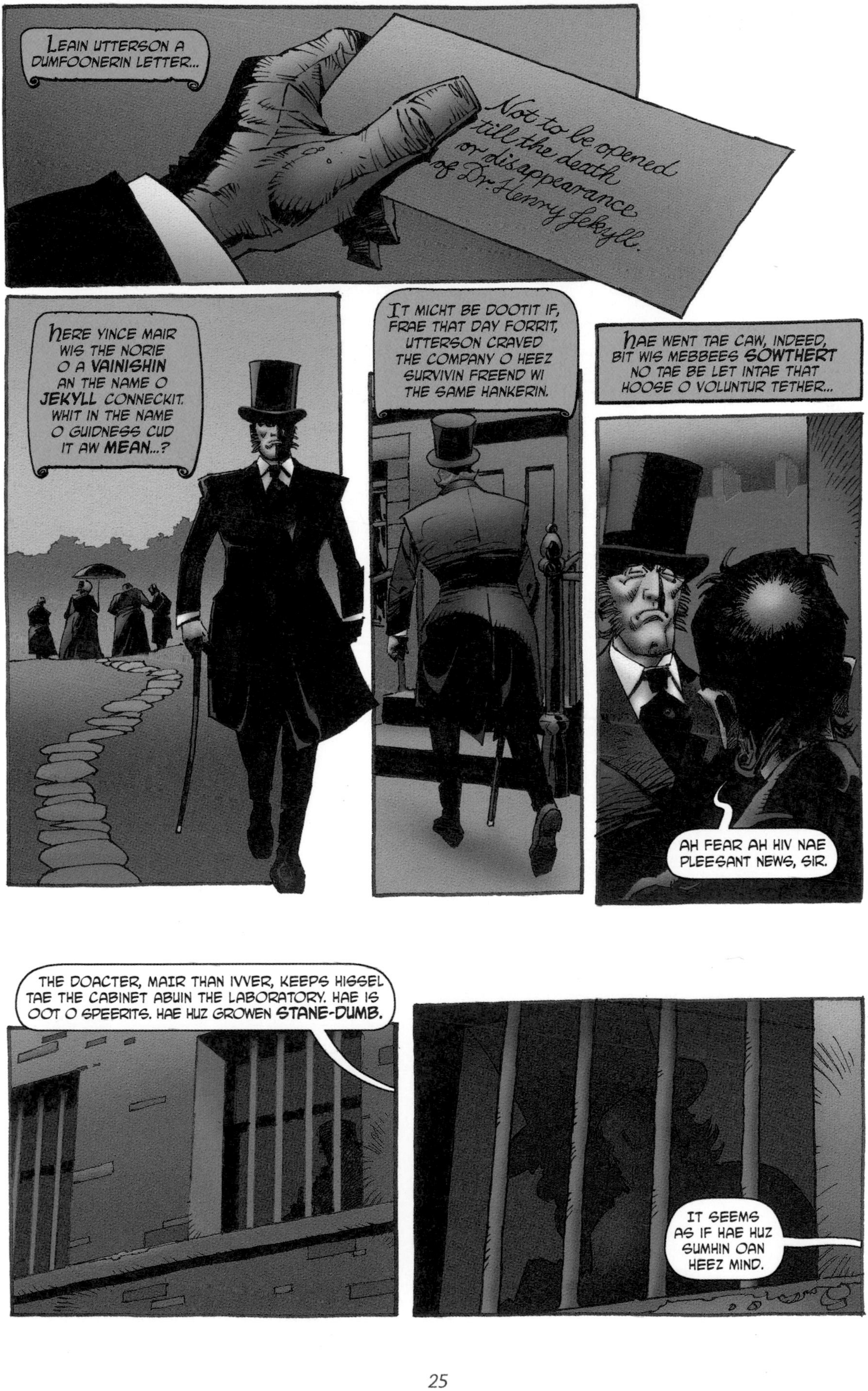
LEAIN UTTERSON A DUMFOONERIN LETTER...
Not to be opened till the death or disappearance of Dr. Henry Jekyll.
HERE YINCE MAIR WIS THE NORIE O A VAINISHIN AN THE NAME O JEKYLL CONNECKIT. WHIT IN THE NAME O GUIDNESS CUD IT AW MEAN...?
IT MICHT BE DOOTIT IF, FRAE THAT DAY FORRIT, UTTERSON CRAVED THE COMPANY O HEEZ SURVIVIN FREEND WI THE SAME HANKERIN.
HAE WENT TAE CAW, INDEED, BIT WIS MEBBEES SOWTHERT NO TAE BE LET INTAE THAT HOOSE O VOLUNTUR TETHER...
AH FEAR AH HIV NAE PLEESANT NEWS, SIR.
THE DOACTER, MAIR THAN IVVER, KEEPS HISSEL TAE THE CABINET ABUIN THE LABORATORY. HAE IS OOT O SPEERITS. HAE HUZ GROWEN STANE-DUMB.
IT SEEMS AS IF HAE HUZ SUMHIN OAN HEEZ MIND.

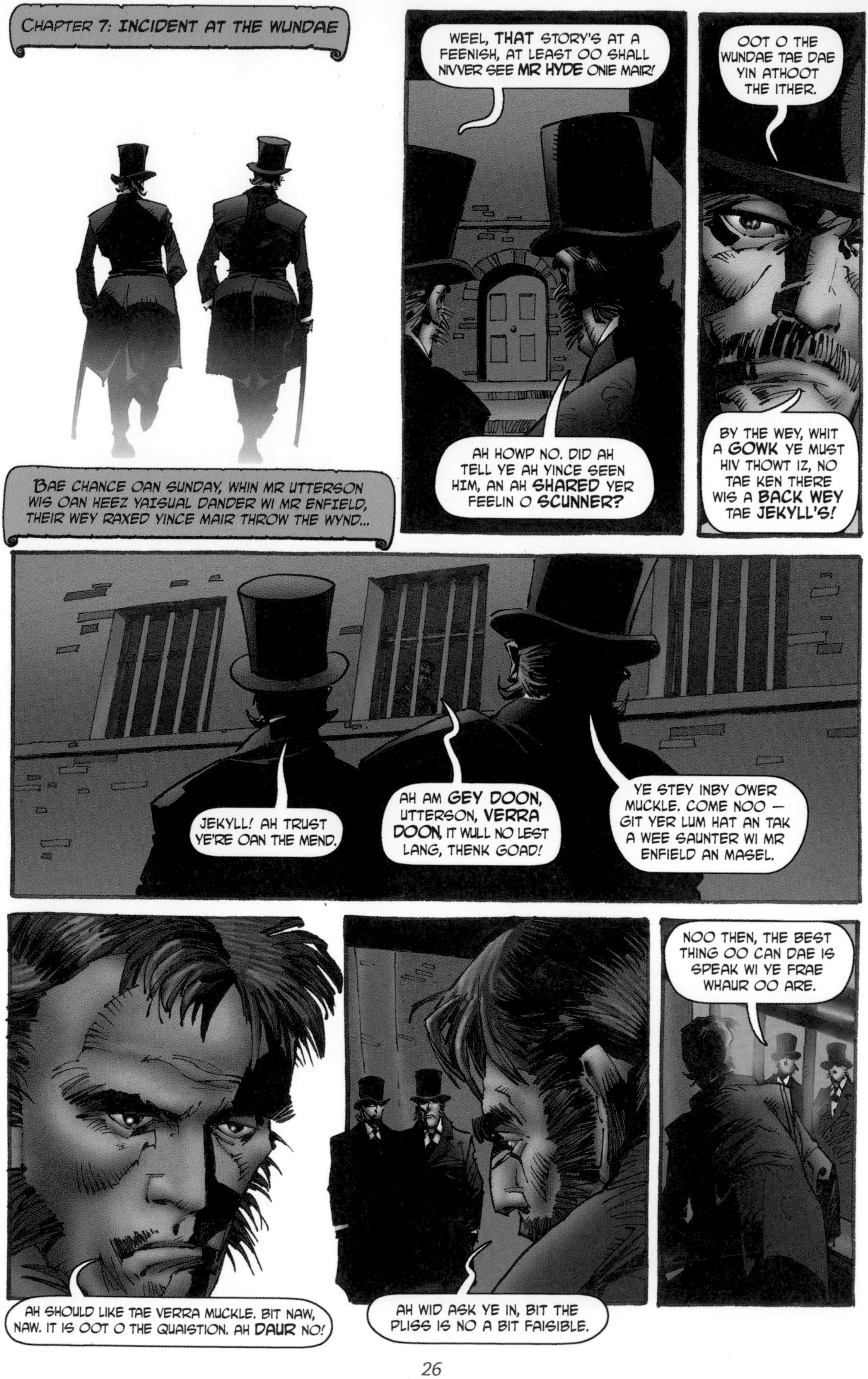
CHAPTER 7: INCIDENT AT THE WUNDAE
BAE CHANCE OAN SUNDAY, WHIN MR UTTERSON WIS OAN HEEZ YAISUAL DANDER WI MR ENFIELD, THEIR WEY RAXED YINCE MAIR THROW THE WYND...
WEEL, THAT STORY'S AT A FEENISH, AT LEAST OO SHALL NIVVER SEE MR HYDE ONIE MAIR!
AH HOWP NO. DID AH TELL YE AH YINCE SEEN HIM, AN AH SHARED YER FEELIN O SCUNNER?
OOT O THE WUNDAE TAE DAE YIN ATHOOT THE ITHER.
BY THE WEY, WHIT A GOWK YE MUST HIV THOWT IZ, NO TAE KEN THERE WIS A BACK WEY TAE JEKYLL'S!
JEKYLL! AH TRUST YE'RE OAN THE MEND.
AH AM GEY DOON, UTTERSON, VERRA DOON, IT WULL NO LEST LANG, THENK GOAD!
YE STEY INBY OWER MUCKLE. COME NOO — GIT YER LUM HAT AN TAK A WEE SAUNTER WI MR ENFIELD AN MASEL.
AH SHOULD LIKE TAE VERRA MUCKLE. BIT NAW, NAW. IT IS OOT O THE QUAISTION. AH DAUR NO!
AH WID ASK YE IN, BIT THE PLISS IS NO A BIT FAISIBLE.
NOO THEN, THE BEST THING OO CAN DAE IS SPEAK WI YE FRAE WHAUR OO ARE.

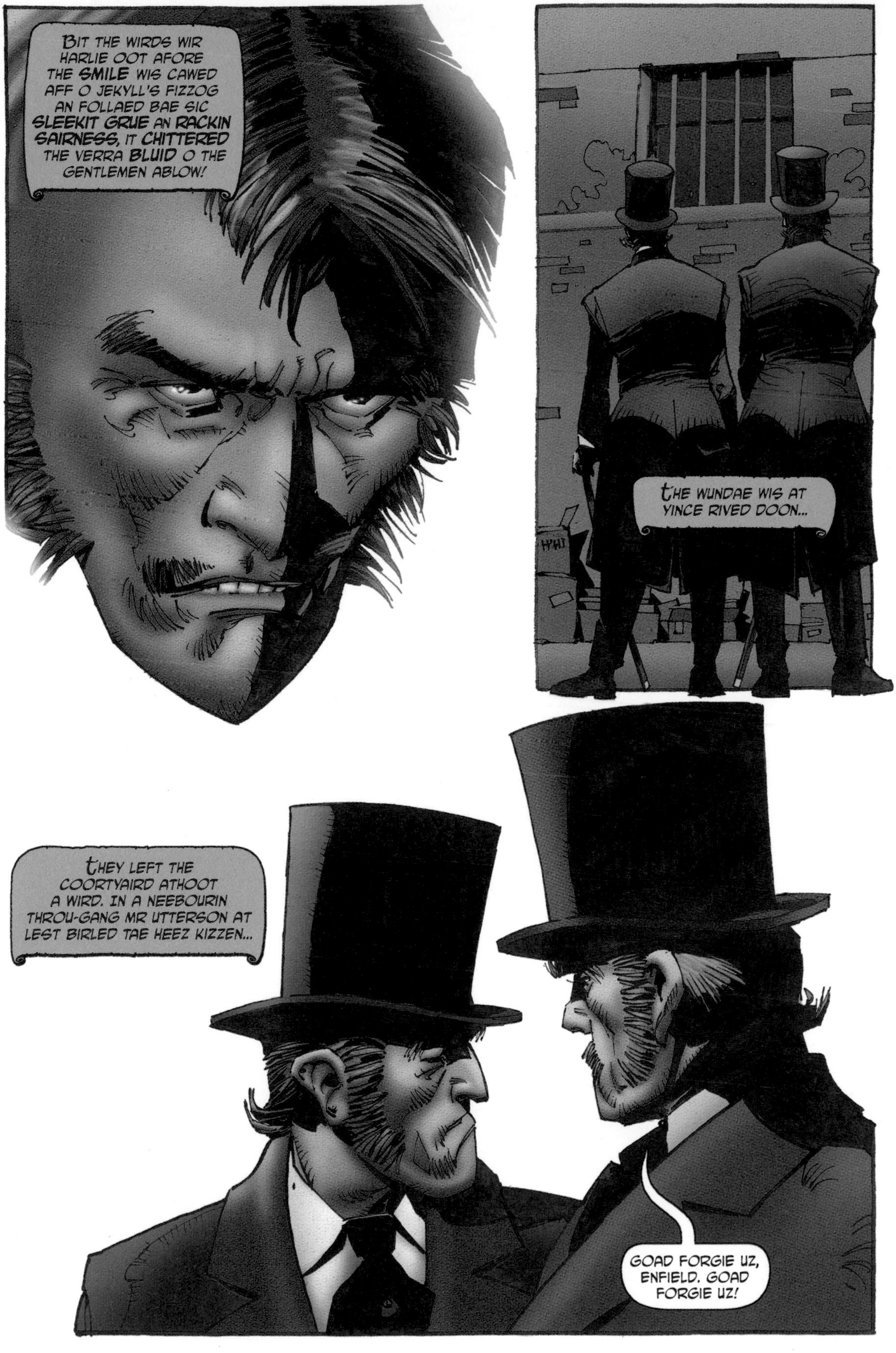
BIT THE WIRDS WIR HARLIE OOT AFORE THE SMILE WIS CAWED AFF O JEKYLL'S FIZZOG AN FOLLAED BAE SIC SLEEKIT GRUE AN RACKIN SAIRNESS, IT CHITTERED THE VERRA BLUID O THE GENTLEMEN ABLOW!
THE WUNDAE WIS AT YINCE RIVED DOON...
THEY LEFT THE COORTYAIRD ATHOOT A WIRD. IN A NEEBOURIN THROU-GANG MR UTTERSON AT LEST BIRLED TAE HEEZ KIZZEN...
GOAD FORGIE UZ, ENFIELD. GOAD FORGIE UZ!

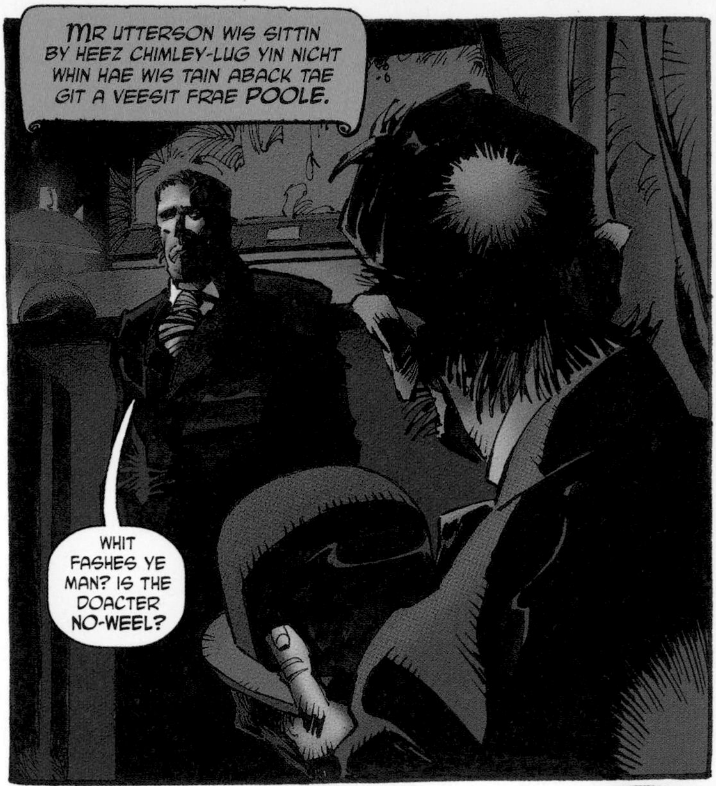
MR UTTERSON WIS SITTIN BY HEEZ CHIMLEY-LUG YIN NICHT WHIN HAE WIS TAIN ABACK TAE GIT A VEESIT FRAE POOLE.
WHIT FASHES YE MAN? IS THE DOACTER NO-WEEL?

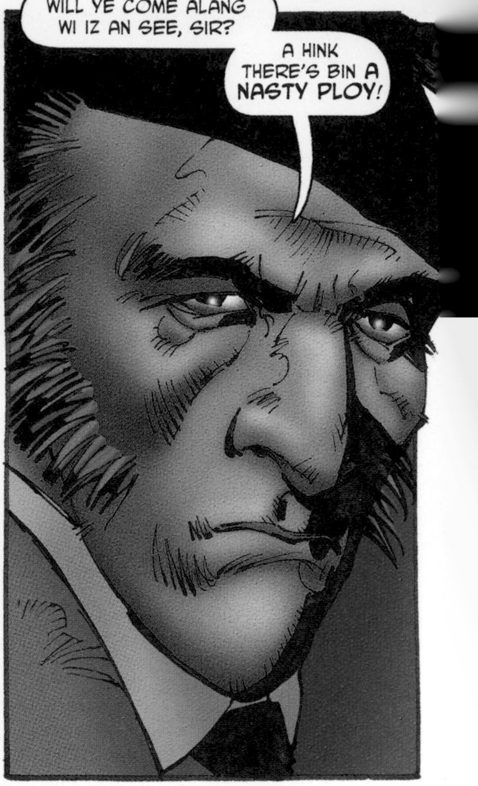
WILL YE COME ALANG WI IZ AN SEE, SIR?
A HINK THERE'S BIN A NASTY PLOY!

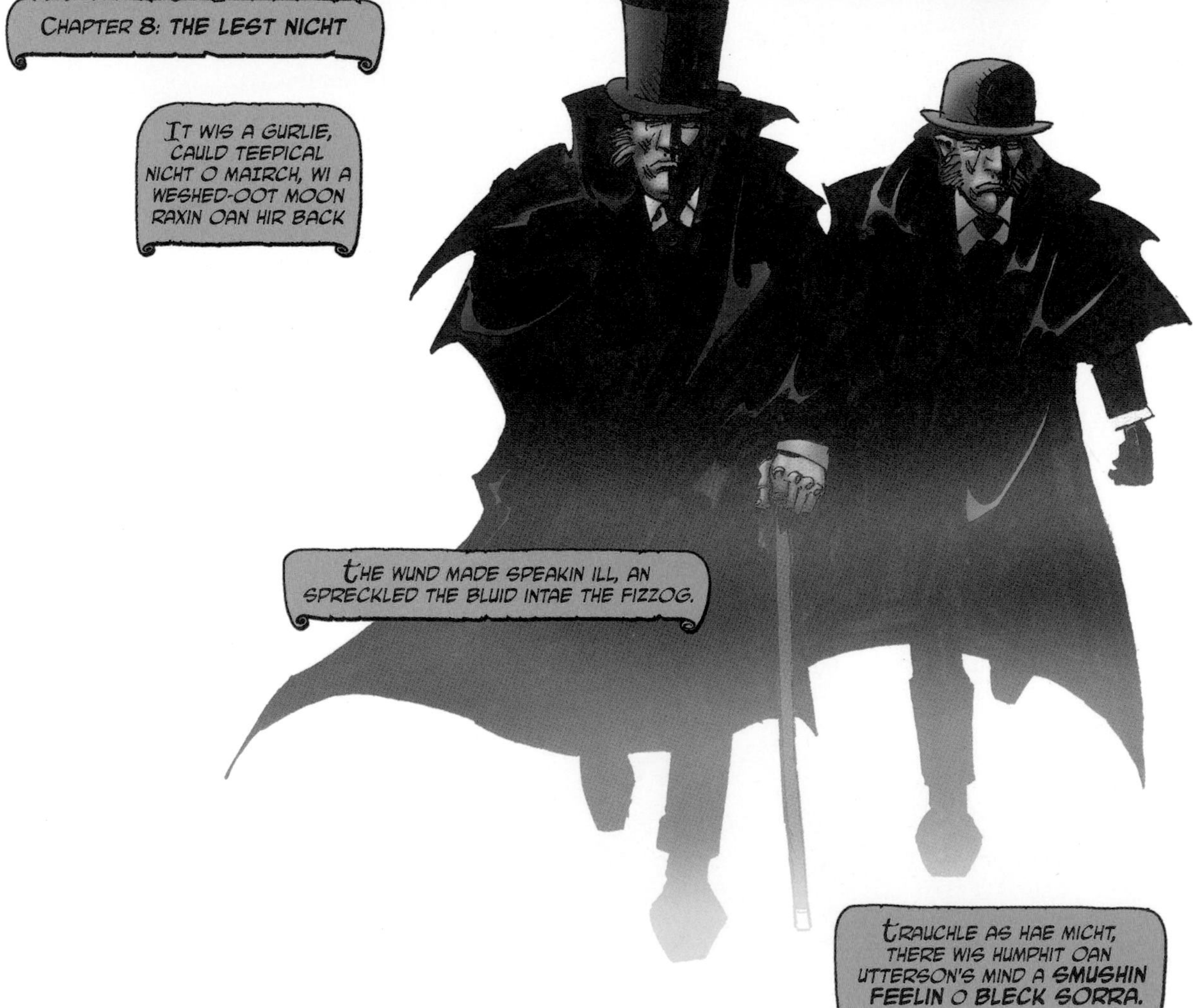
CHAPTER 8: THE LEST NICHT
IT WIS A GURLIE, CAULD TEEPICAL NICHT O MAIRCH, WI A WESHED-OOT MOON RAXIN OAN HIR BACK
THE WUND MADE SPEAKIN ILL, AN SPRECKLED THE BLUID INTAE THE FIZZOG.
TRAUCHLE AS HAE MICHT, THERE WIS HUMPHIT OAN UTTERSON'S MIND A SMUSHIN FEELIN O BLECK SORRA.

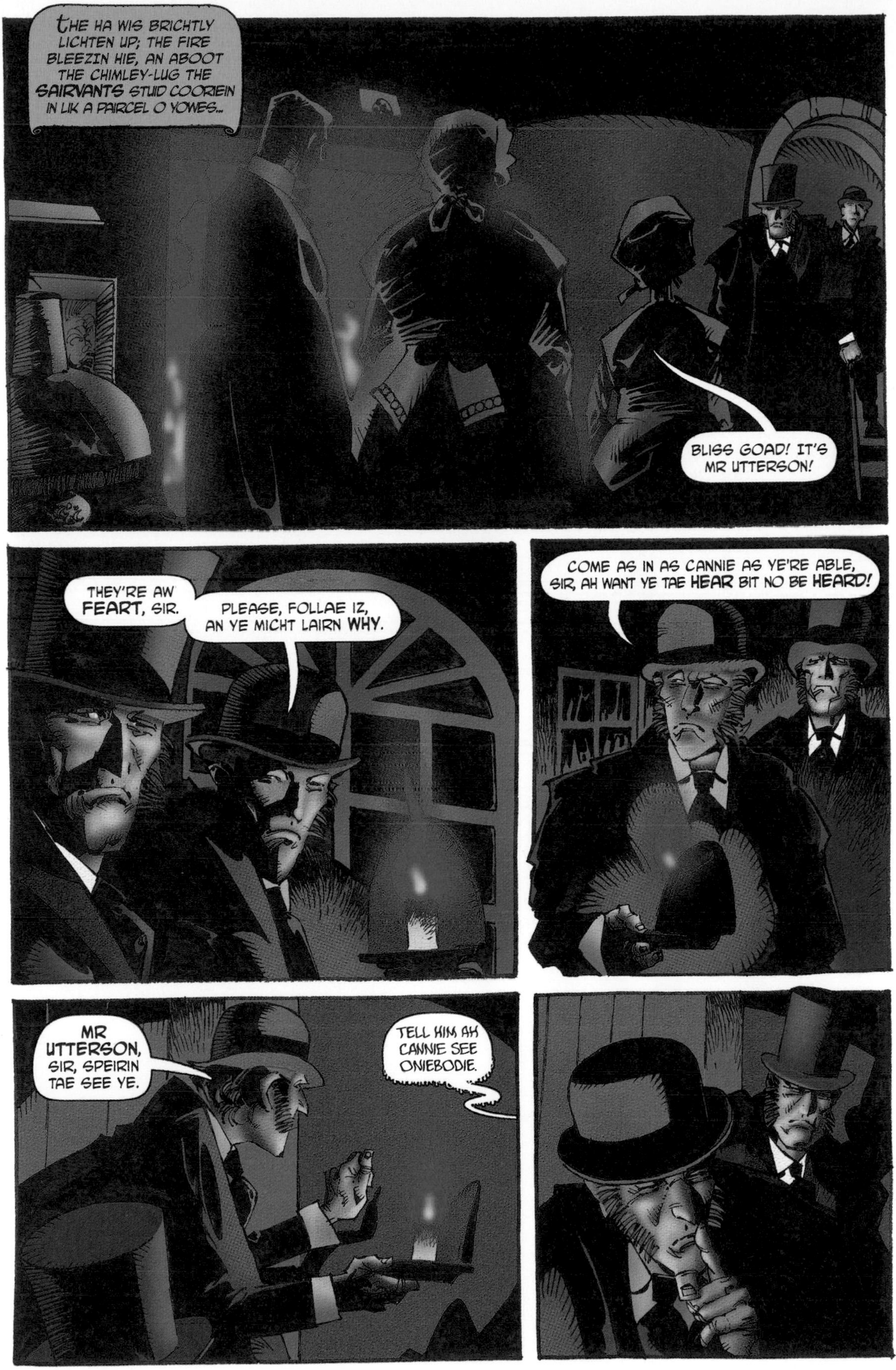
THE HA WIS BRICHTLY LICHTEN UP; THE FIRE BLEEZIN HIE, AN ABOOT THE CHIMLEY-LUG THE SAIRVANTS STUID COORIEIN IN LIK A PAIRCEL O YOWES...
BLISS GOAD! IT'S MR UTTERSON!
THEY'RE AW FEART, SIR.
PLEASE, FOLLAE IZ, AN YE MICHT LAIRN WHY.
COME AS IN AS CANNIE AS YE'RE ABLE, SIR, AH WANT YE TAE HEAR BIT NO BE HEARD!
MR UTTERSON, SIR, SPEIRIN TAE SEE YE.
TELL HIM AH CANNIE SEE ONIEBODIE.

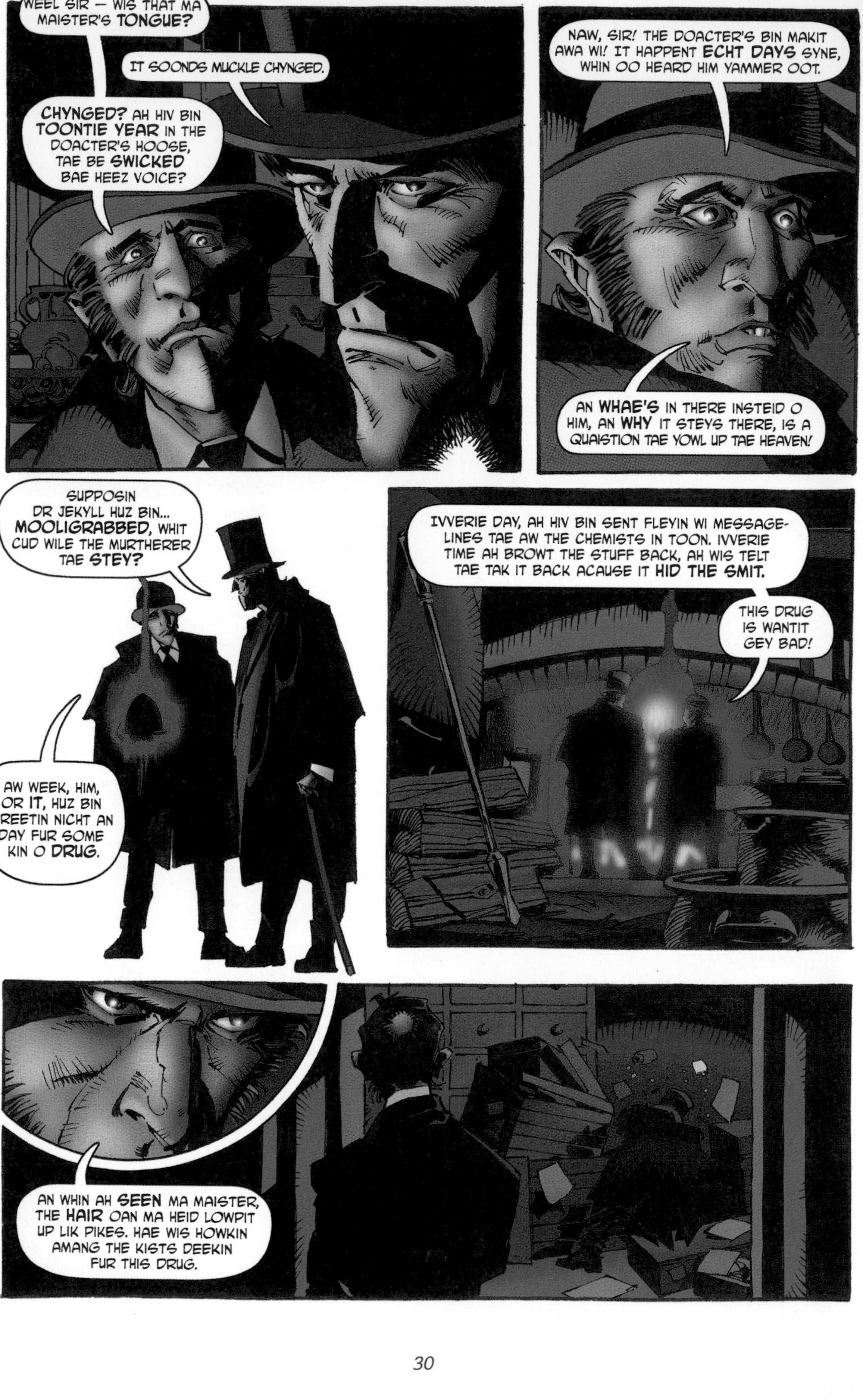
WEEL SIR — WIS THAT MA MAISTER'S TONGUE?
IT SOONDS MUCKLE CHYNGED.
CHYNGED? AH HIV BIN TOONTIE YEAR IN THE DOACTER'S HOOSE, TAE BE SWICKED BAE HEEZ VOICE?
NAW, SIR! THE DOACTER'S BIN MAKIT AWA WI! IT HAPPENT ECHT DAYS SYNE, WHIN OO HEARD HIM YAMMER OOT.
AN WHAE'S IN THERE INSTEID O HIM, AN WHY IT STEYS THERE, IS A QUAISTION TAE YOWL UP TAE HEAVEN!
SUPPOSIN DR JEKYLL HUZ BIN... MOOLIGRABBED, WHIT CUD WILE THE MURTHERER TAE STEY?
AW WEEK, HIM, OR IT, HUZ BIN GREETIN NICHT AN DAY FUR SOME KIN O DRUG.
IVVERIE DAY, AH HIV BIN SENT FLEYIN WI MESSAGE-LINES TAE AW THE CHEMISTS IN TOON. IVVERIE TIME AH BROWT THE STUFF BACK, AH WIS TELT TAE TAK IT BACK ACAUSE IT HID THE SMIT.
THIS DRUG IS WANTIT GEY BAD!
AN WHIN AH SEEN MA MAISTER, THE HAIR OAN MA HEID LOWPIT UP LIK PIKES. HAE WIS HOWKIN AMANG THE KISTS DEEKIN FUR THIS DRUG.

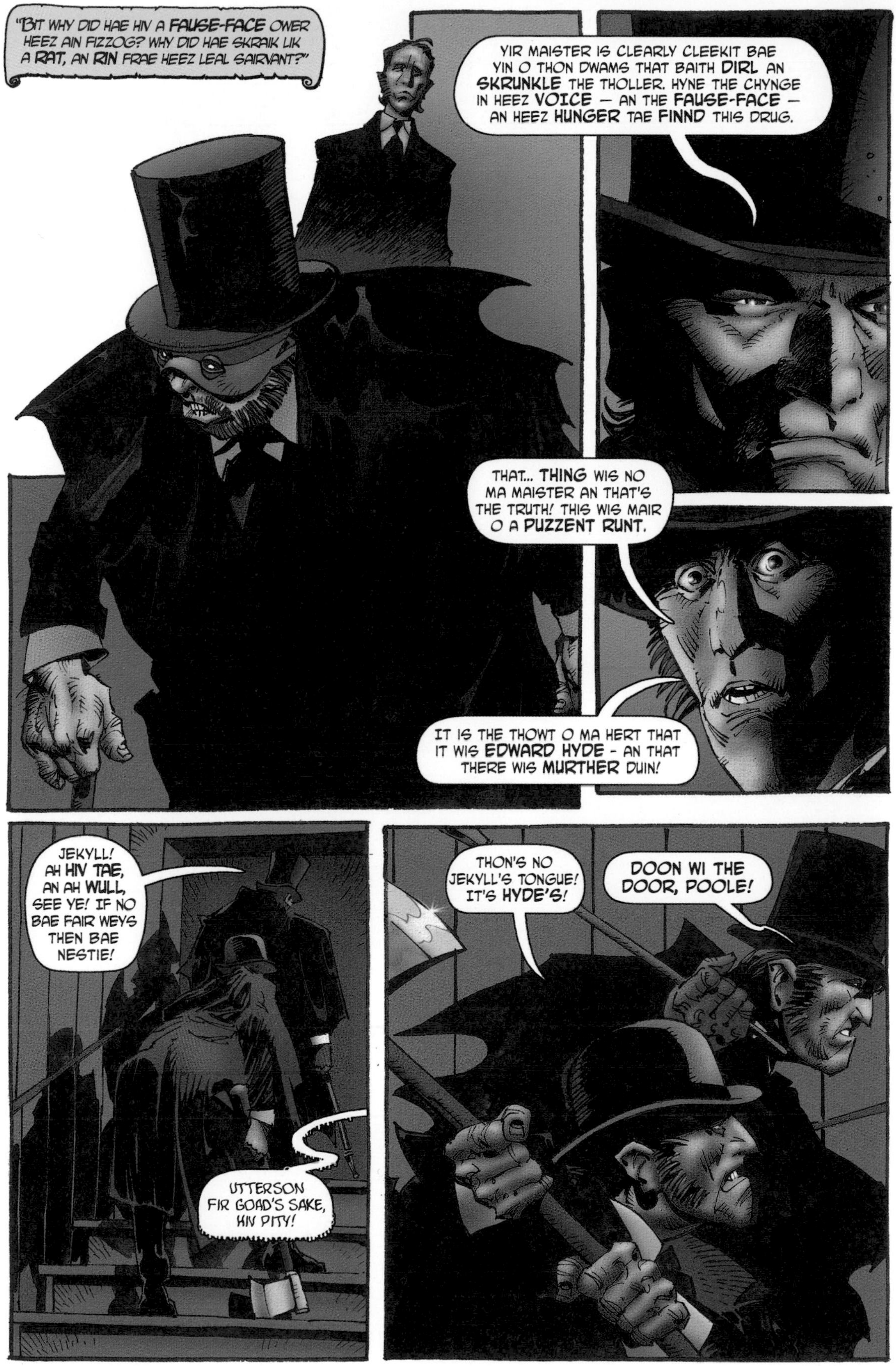
"BIT WHY DID HAE HIV A FAUSE-FACE OWER HEEZ AIN FIZZOG? WHY DID HAE SKRAIK LIK A RAT, AN RIN FRAE HEEZ LEAL SAIRVANT?"
YIR MAISTER IS CLEARLY CLEEKIT BAE YIN O THON DWAMS THAT BAITH DIRL AN SKRUNKLE THE THOLLER. HYNE THE CHYNGE IN HEEZ VOICE — AN THE FAUSE-FACE — AN HEEZ HUNGER TAE FINND THIS DRUG.
THAT... THING WIS NO MA MAISTER AN THAT'S THE TRUTH! THIS WIS MAIR O A PUZZENT RUNT.
IT IS THE THOWT O MA HERT THAT IT WIS EDWARD HYDE - AN THAT THERE WIS MURTHER DUIN!
JEKYLL! AH HIV TAE, AN AH WULL, SEE YE! IF NO BAE FAIR WEYS THEN BAE NESTIE!
UTTERSON FIR GOAD'S SAKE, HIV PITY!
THON'S NO JEKYLL'S TONGUE! IT'S HYDE'S!
DOON WI THE DOOR, POOLE!

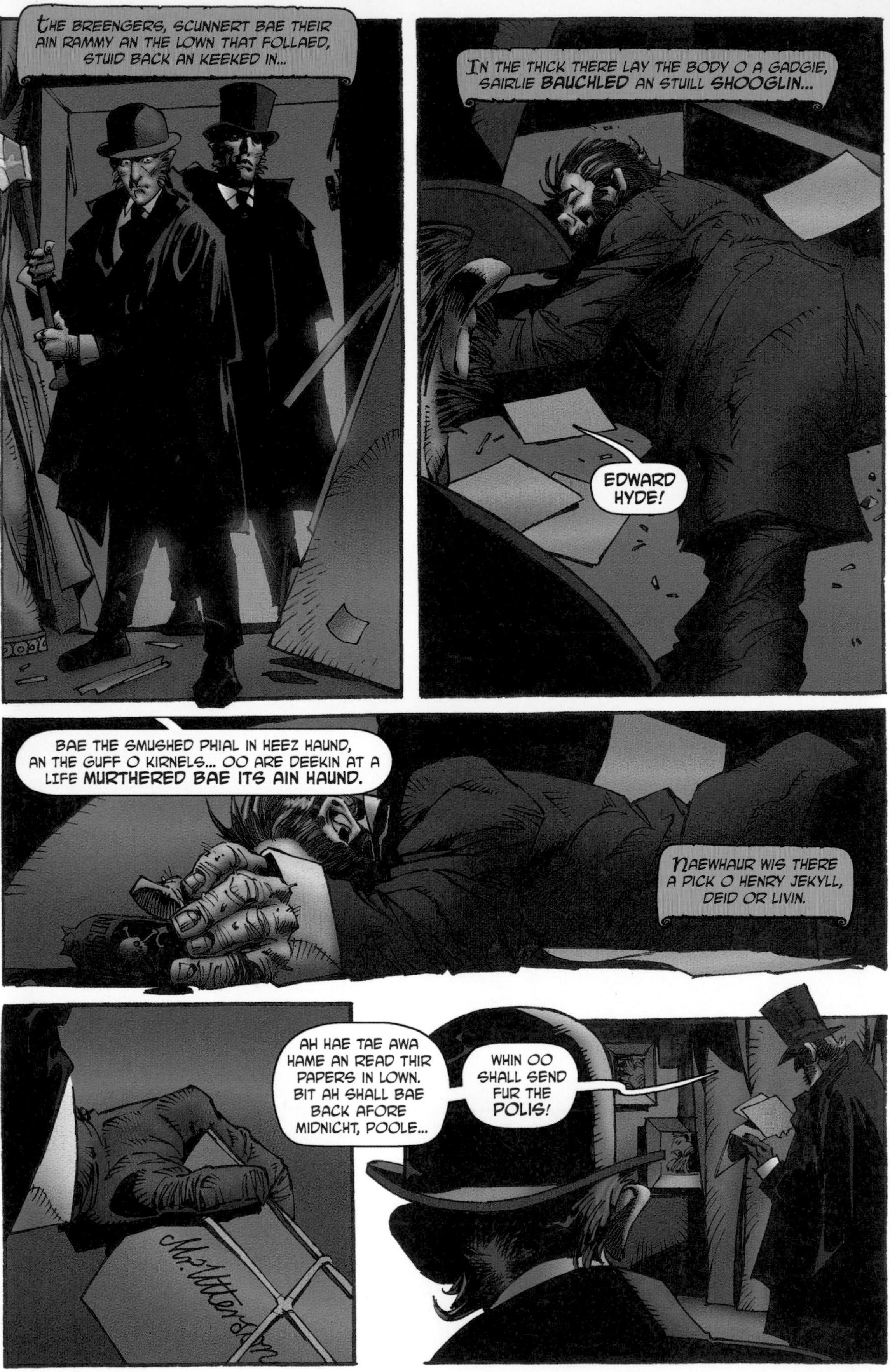
THE BREENGERS, SCUNNERT BAE THEIR AIN RAMMY AN THE LOWN THAT FOLLAED, STUID BACK AN KEEKED IN...
IN THE THICK THERE LAY THE BODY O A GADGIE, SAIRLIE BAUCHLED AN STUILL SHOOGLIN...
EDWARD HYDE!
BAE THE SMUSHED PHIAL IN HEEZ HAUND, AN THE GUFF O KIRNELS... OO ARE DEEKIN AT A LIFE MURTHERED BAE ITS AIN HAUND.
NAEWHAUR WIS THERE A PICK O HENRY JEKYLL, DEID OR LIVIN.
Mr. Utterson
AH HAE TAE AWA HAME AN READ THIR PAPERS IN LOWN. BIT AH SHALL BAE BACK AFORE MIDNICHT, POOLE...
WHIN OO SHALL SEND FUR THE POLIS!

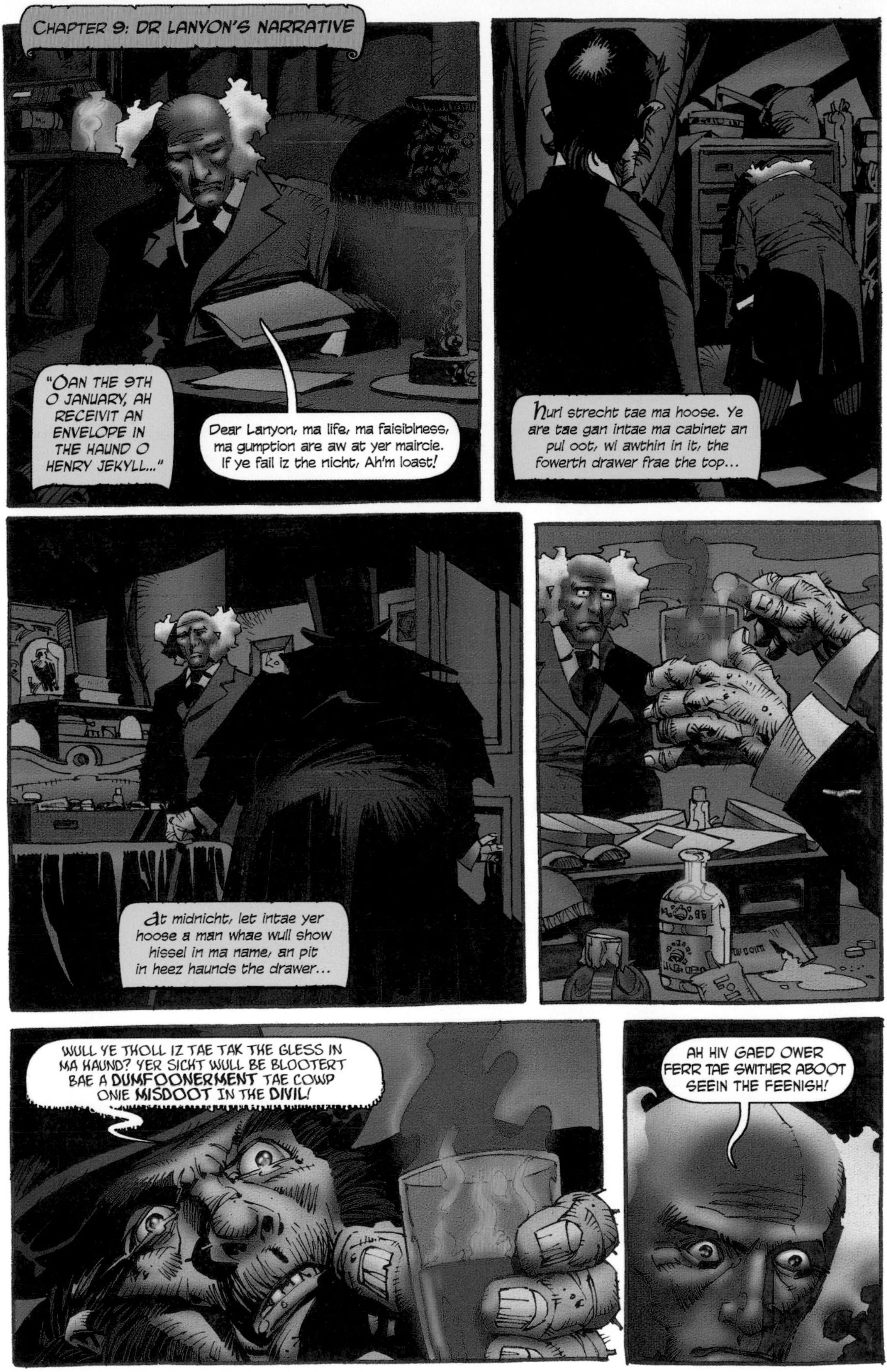
Chapter 9: Dr Lanyon's Narrative
"Oan the 9th o January, ah receivit an envelope in the haund o Henry Jekyll..."
Dear Lanyon, ma life, ma faisibIness, ma gumption are aw at yer maircie. If ye fail iz the nicht, Ah'm loast!
Hurl strecht tae ma hoose. Ye are tae gan intae ma cabinet an pul oot, wi awthin in it, the fowerth drawer frae the top...
At midnicht, let intae yer hoose a man whae wull show hissel in ma name, an pit in heez haunds the drawer...
WULL YE THOLL IZ TAE TAK THE GLESS IN MA HAUND? YER SICHT WULL BE BLOOTERT BAE A DUMFOONERMENT TAE COWP ONIE MISDOOT IN THE DIVIL!
AH HIV GAED OWER FERR TAE SWITHER ABOOT SEEIN THE FEENISH!

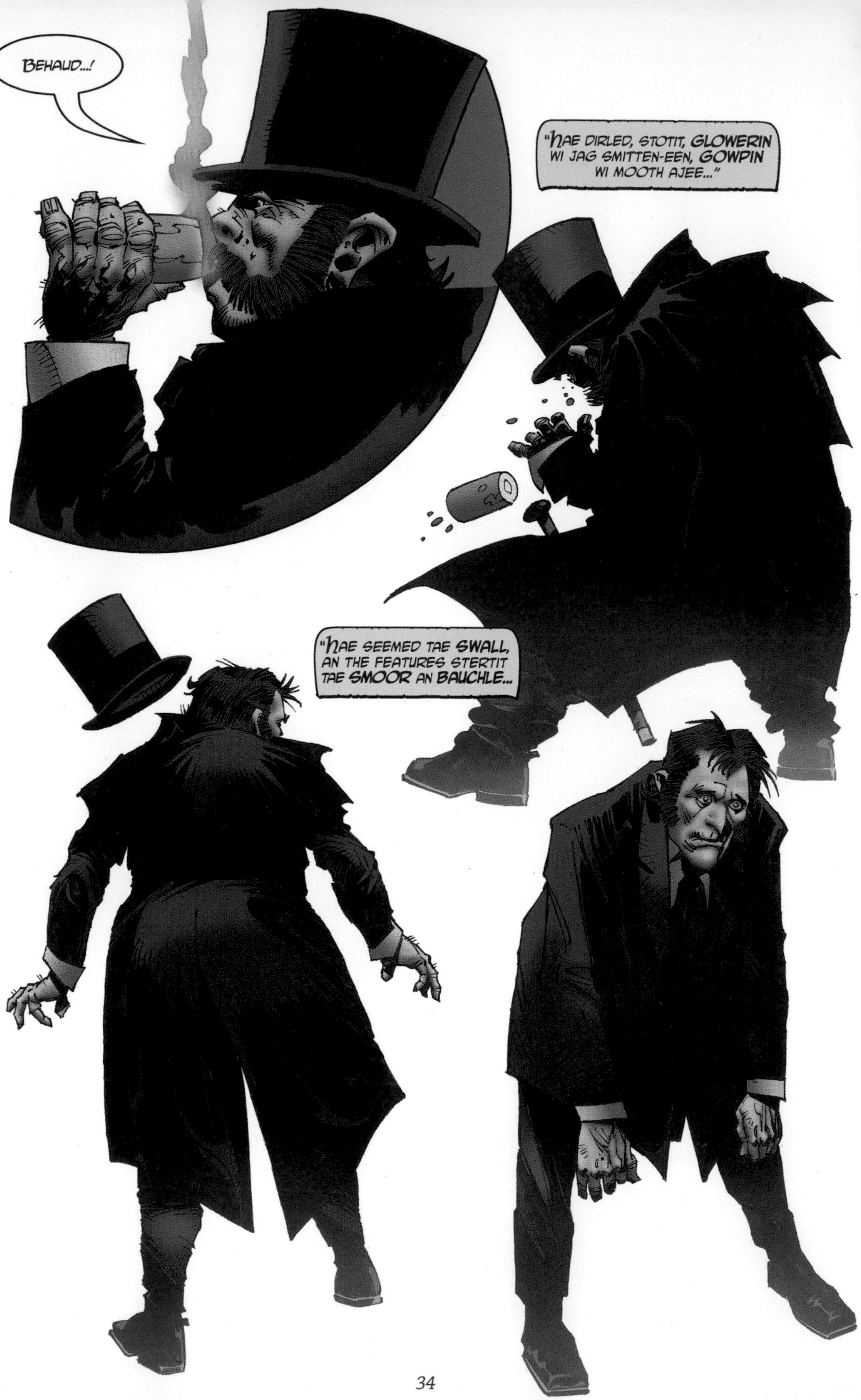
BEHAUD...!
"HAE DIRLED, STOTIT, GLOWERIN WI JAG SMITTEN-EEN, GOWPIN WI MOOTH AJEE..."
"HAE SEEMED TAE SWALL, AN THE FEATURES STERTIT TAE SMOOR AN BAUCHLE...

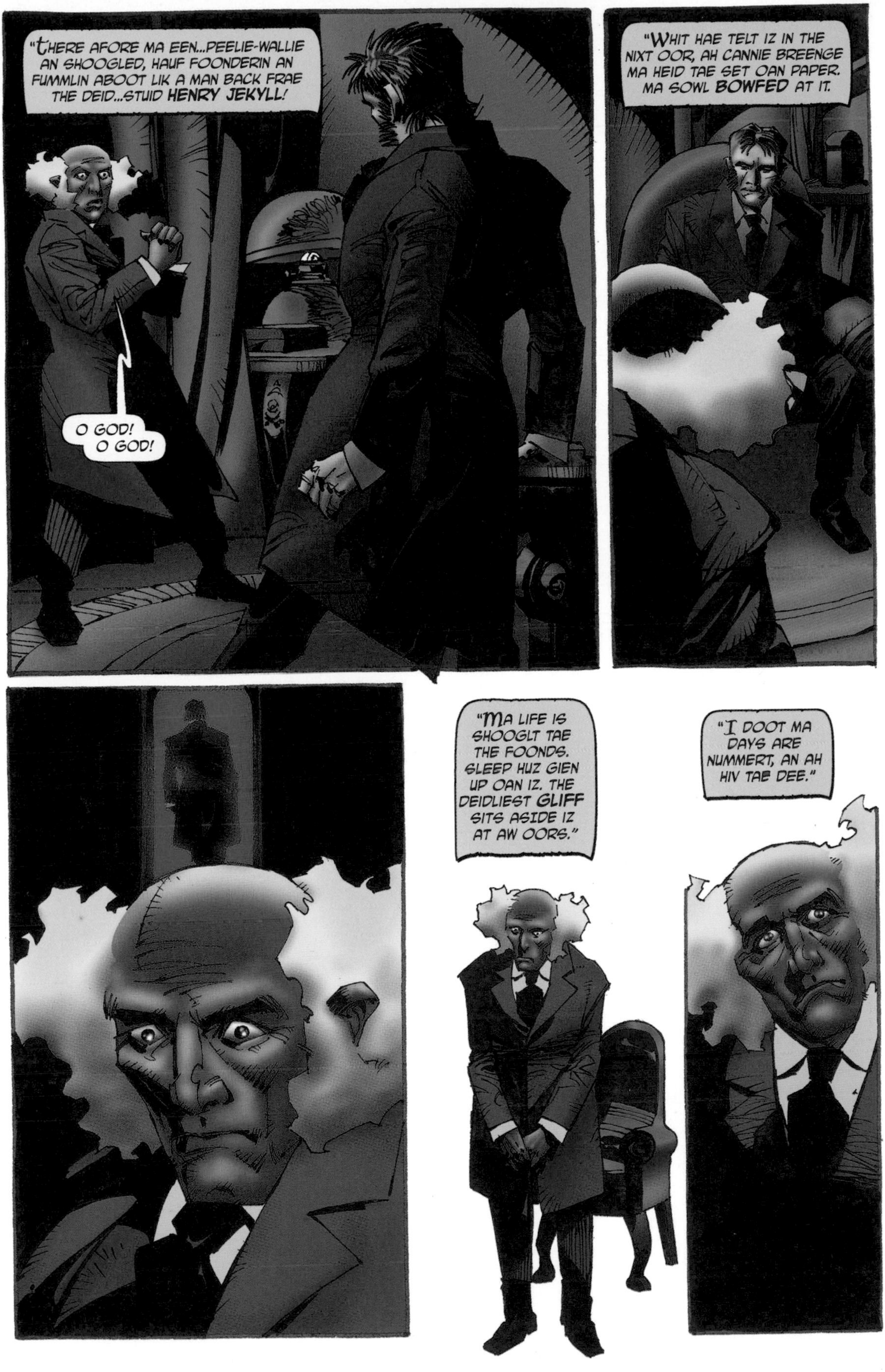
"THERE AFORE MA EEN...PEELIE-WALLIE AN SHOOGLED, HAUF FOONDERIN AN FUMMLIN ABOOT LIK A MAN BACK FRAE THE DEID...STUID HENRY JEKYLL!
O GOD! O GOD!
"WHIT HAE TELT IZ IN THE NIXT OOR, AH CANNIE BREENGE MA HEID TAE SET OAN PAPER. MA SOWL BOWFED AT IT.
"MA LIFE IS SHOOGLT TAE THE FOONDS. SLEEP HUZ GIEN UP OAN IZ. THE DEIDLIEST GLIFF SITS ASIDE IZ AT AW OORS."
"I DOOT MA DAYS ARE NUMMERT, AN AH HIV TAE DEE."

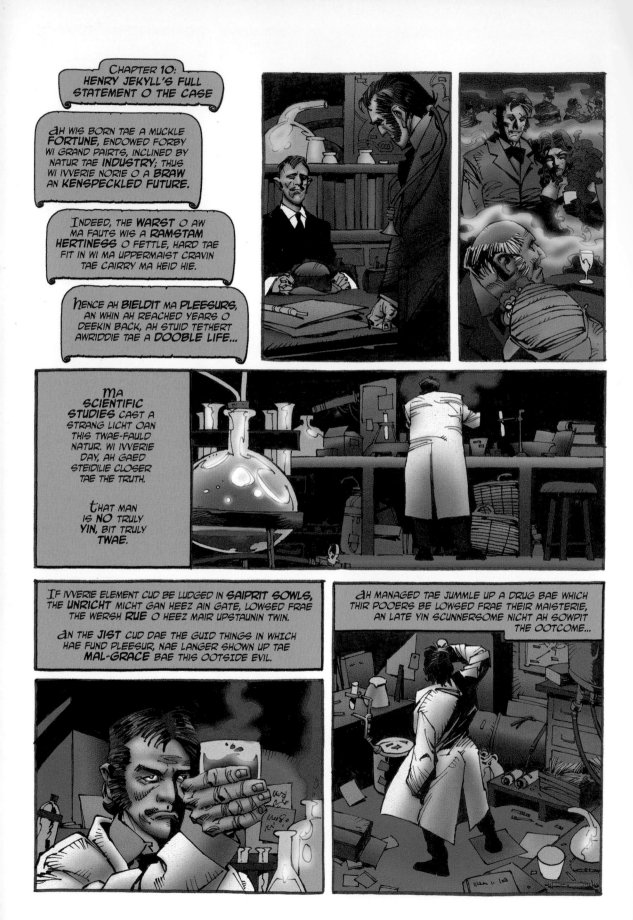

**CHAPTER 10:
HENRY JEKYLL'S FULL
STATEMENT O THE CASE**

AH WIS BORN TAE A MUCKLE **FORTUNE**, ENDOWED FORBY WI GRAND PAIRTS, INCLINED BY NATUR TAE **INDUSTRY**; THUS WI IVVERIE NORIE O A **BRAW** AN **KENSPECKLED** FUTURE.

INDEED, THE **WARST** O AW MA FAUTS WIS A **RAMSTAM HERTINESS** O FETTLE, HARD TAE FIT IN WI MA UPPERMAIST CRAVIN TAE CAIRRY MA HEID HIE.

HENCE AH **BIELDIT** MA **PLEESURS**, AN WHIN AH REACHED YEARS O DEEKIN BACK, AH STUID TETHERT AWRIDDIE TAE A **DOOBLE LIFE**...

MA **SCIENTIFIC STUDIES** CAST A STRANG LICHT OAN THIS TWAE-FAULD NATUR. WI IVVERIE DAY, AH GAED STEIDILIE CLOSER TAE THE TRUTH.

THAT MAN IS **NO** TRULY **YIN**, BIT TRULY **TWAE**.

IF IVVERIE ELEMENT CUD BE LUDGED IN **SAIPRIT SOWLS**, THE **UNRICHT** MICHT GAN HEEZ AIN GATE, LOWSED FRAE THE WERSH **RUE** O HEEZ MAIR UPSTAUNIN TWIN.

AN THE **JIST** CUD DAE THE GUID THINGS IN WHICH HAE FUND PLEESUR, NAE LANGER SHOWN UP TAE **MAL-GRACE** BAE THIS OOTSIDE EVIL.

AH MANAGED TAE JUMMLE UP A DRUG BAE WHICH THIR POOERS BE LOWSED FRAE THEIR MAISTERIE, AN LATE YIN SCUNNERSOME NICHT AH SOWPIT THE OOTCOME...

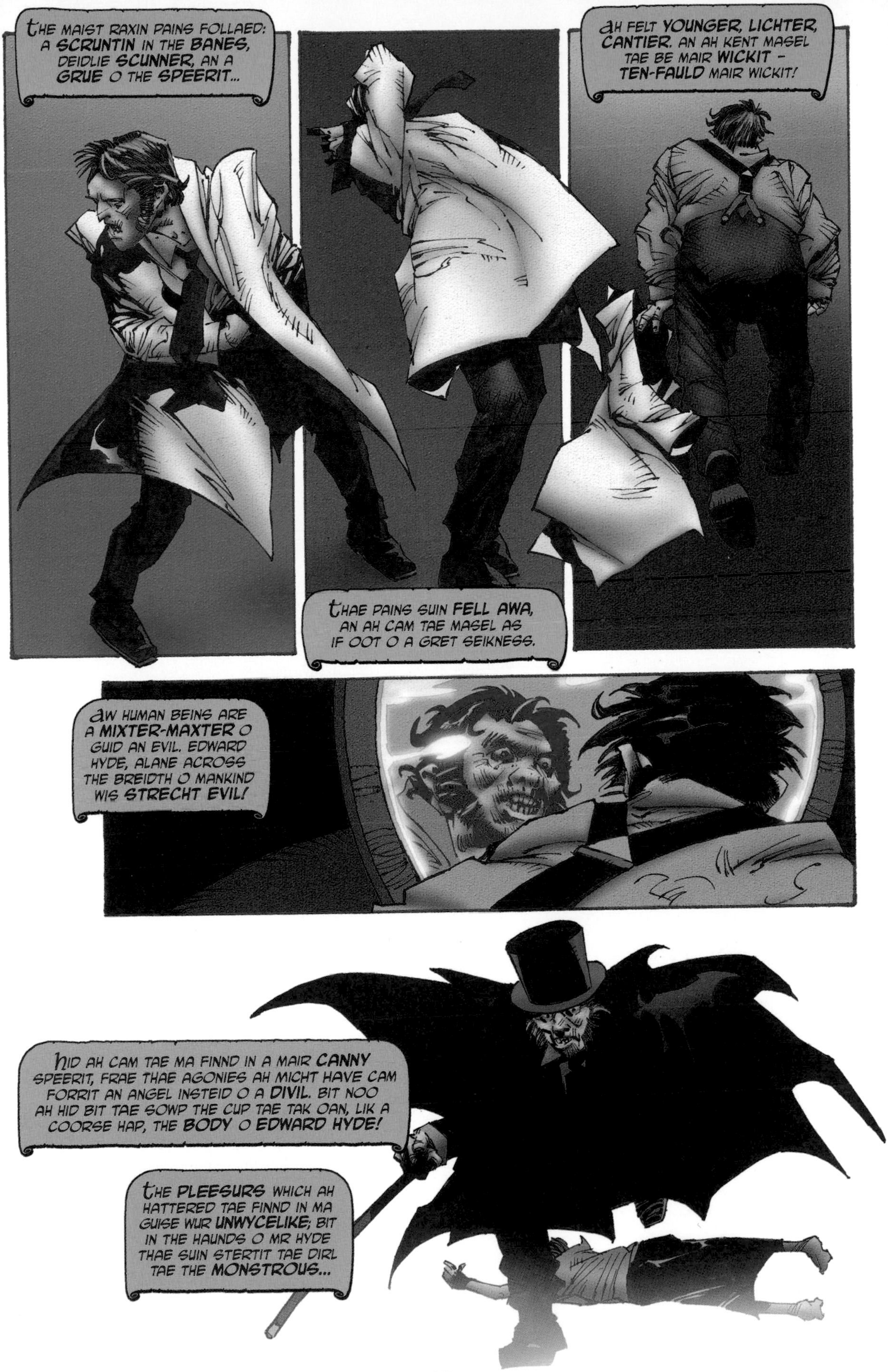
The maist raxin pains follaed: a SCRUNTIN in the BANES, deidlie SCUNNER, an a GRUE o the SPEERIT...
Thae pains suin FELL AWA, an ah cam tae masel as if oot o a gret seikness.
Ah felt YOUNGER, LICHTER, CANTIER. An ah kent masel tae be mair WICKIT - TEN-FAULD mair wickit!
Aw human beins are a MIXTER-MAXTER o guid an evil. Edward Hyde, alane across the breidth o mankind wis STRECHT EVIL!
Hid ah cam tae ma finnd in a mair CANNY speerit, frae thae agonies ah micht have cam forrit an angel insteid o a DIVIL. Bit noo ah hid bit tae sowp the cup tae tak oan, lik a coorse hap, the BODY o EDWARD HYDE!
The PLEESURS which ah hattered tae finnd in ma guise wur UNWYCELIKE; bit in the haunds o Mr Hyde thae suin stertit tae dirl tae the MONSTROUS...

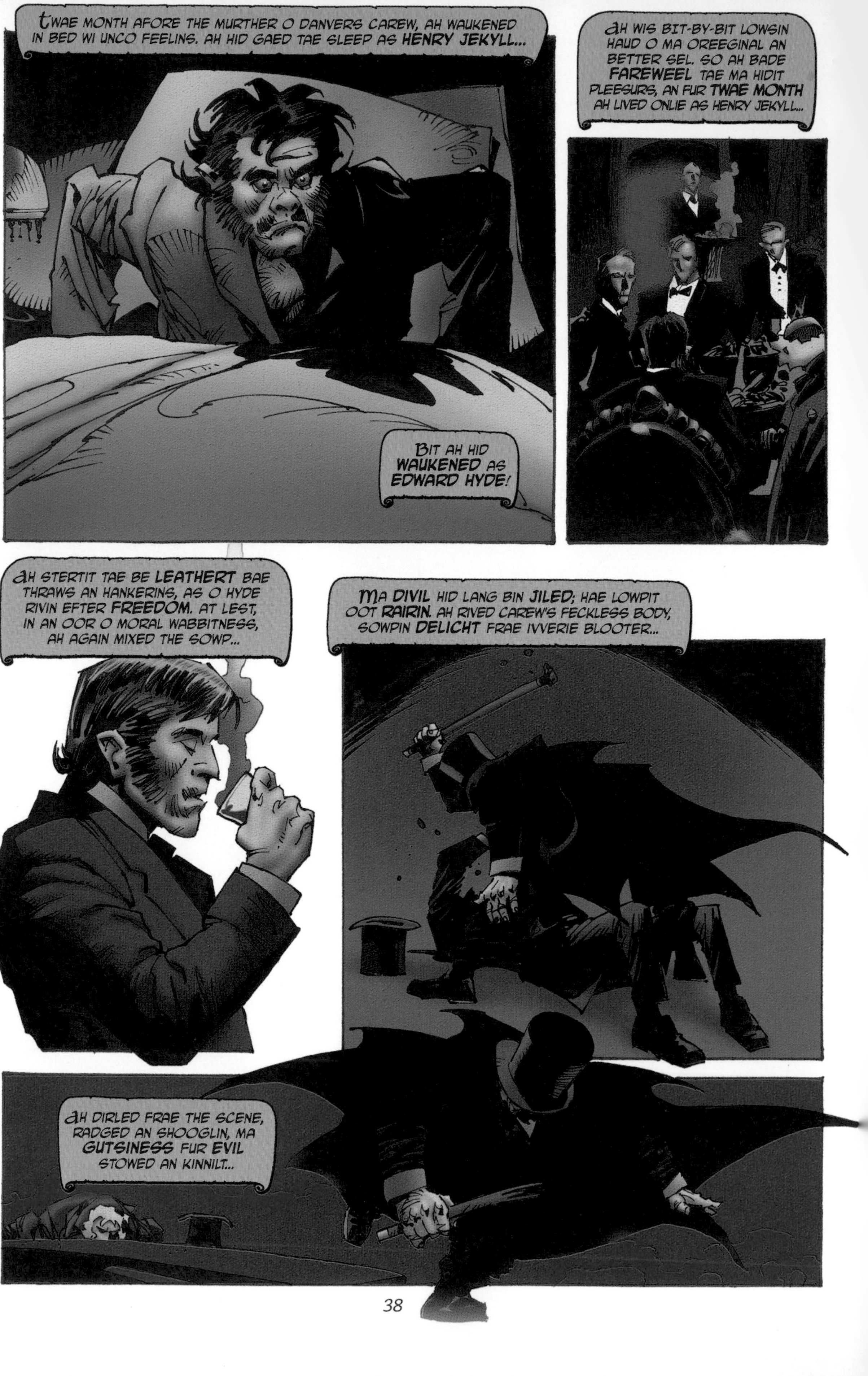

TWAE MONTH AFORE THE MURTHER O DANVERS CAREW, AH WAUKENED IN BED WI UNCO FEELINS. AH HID GAED TAE SLEEP AS HENRY JEKYLL...
BIT AH HID WAUKENED AS EDWARD HYDE!
AH WIS BIT-BY-BIT LOWSIN HAUD O MA OREEGINAL AN BETTER SEL. SO AH BADE FAREWEEL TAE MA HIDIT PLEESURS, AN FUR TWAE MONTH AH LIVED ONLIE AS HENRY JEKYLL...
AH STERTIT TAE BE LEATHERT BAE THRAWS AN HANKERINS, AS O HYDE RIVIN EFTER FREEDOM. AT LEST, IN AN OOR O MORAL WABBITNESS, AH AGAIN MIXED THE SOWP...
MA DIVIL HID LANG BIN JILED; HAE LOWPIT OOT RAIRIN. AH RIVED CAREW'S FECKLESS BODY, SOWPIN DELICHT FRAE IVVERIE BLOOTER...
AH DIRLED FRAE THE SCENE, RADGED AN SHOOGLIN, MA GUTSINESS FUR EVIL STOWED AN KINNILT...

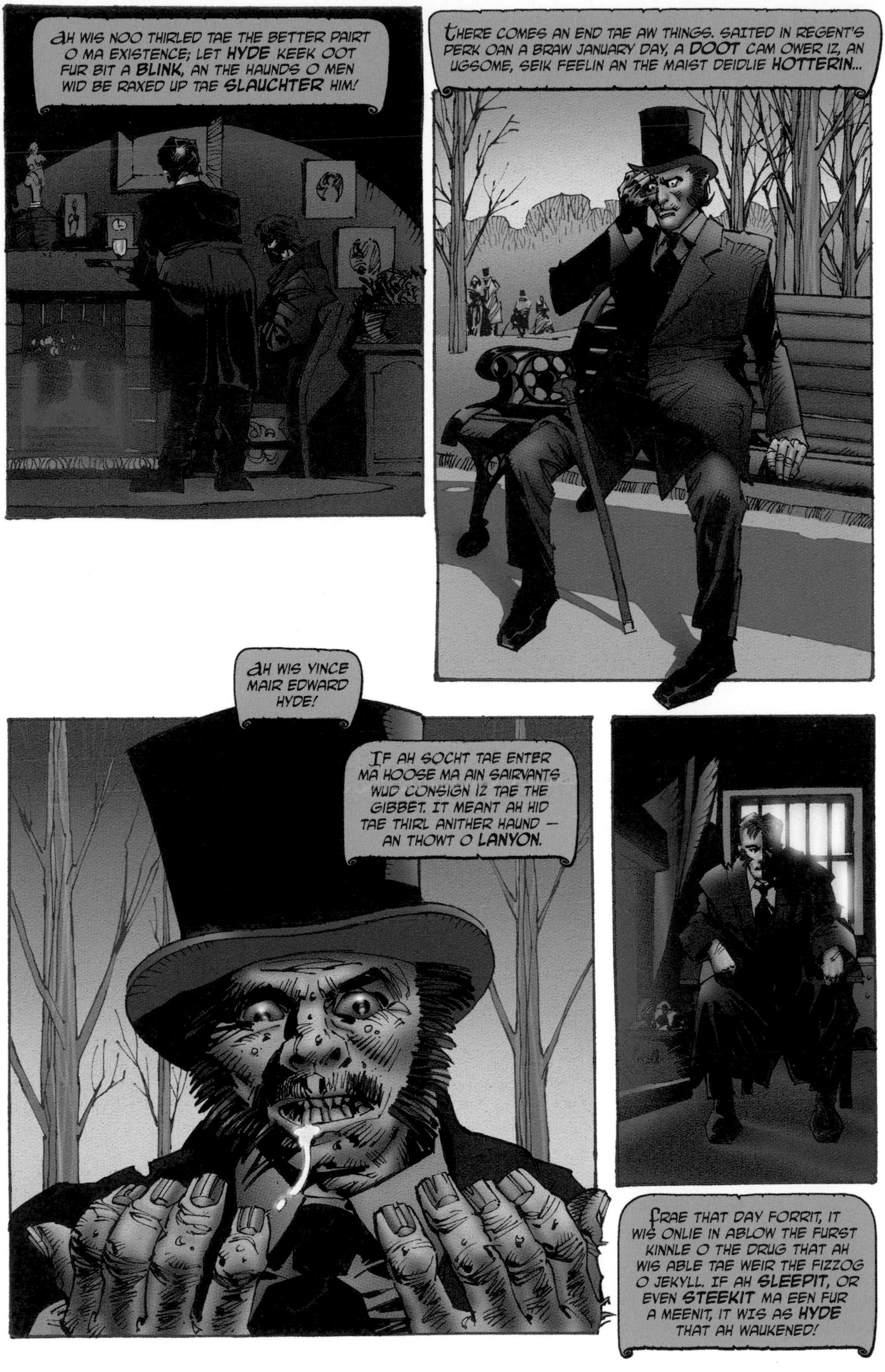
AH WIS NOO THIRLED TAE THE BETTER PAIRT O MA EXISTENCE; LET HYDE KEEK OOT FUR BIT A BLINK, AN THE HAUNDS O MEN WID BE RAXED UP TAE SLAUCHTER HIM!
THERE COMES AN END TAE AW THINGS. SAITED IN REGENT'S PERK OAN A BRAW JANUARY DAY, A DOOT CAM OWER IZ, AN UGSOME, SEIK FEELIN AN THE MAIST DEIDLIE HOTTERIN...
AH WIS YINCE MAIR EDWARD HYDE!
IF AH SOCHT TAE ENTER MA HOOSE MA AIN SAIRVANTS WUD CONSIGN IZ TAE THE GIBBET. IT MEANT AH HID TAE THIRL ANITHER HAUND — AN THOWT O LANYON.
FRAE THAT DAY FORRIT, IT WIS ONLIE IN ABLOW THE FURST KINNLE O THE DRUG THAT AH WIS ABLE TAE WEIR THE FIZZOG O JEKYLL. IF AH SLEEPIT, OR EVEN STEEKIT MA EEN FUR A MEENIT, IT WIS AS HYDE THAT AH WAUKENED!

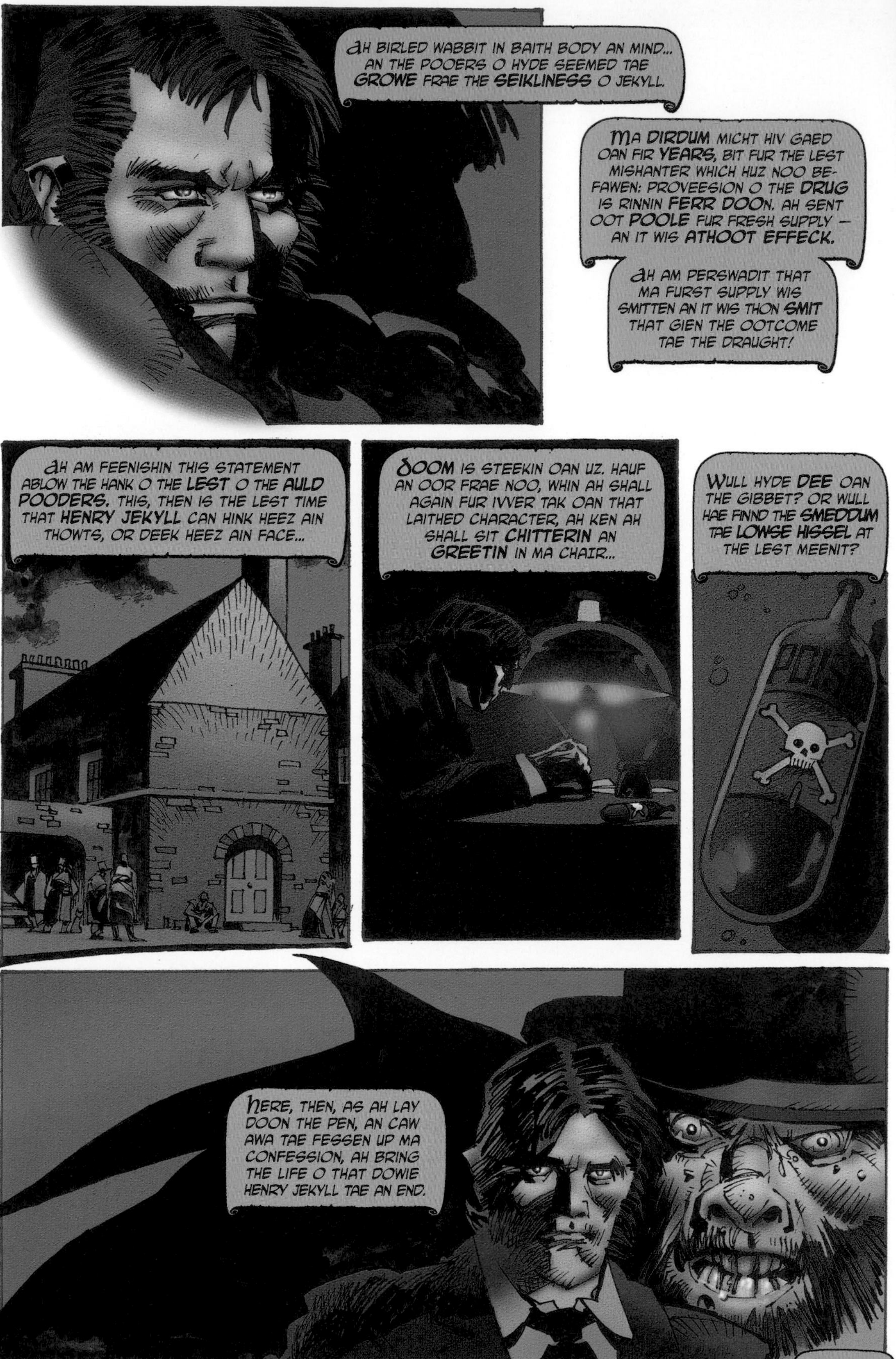
Ah birled wabbit in baith body an mind... an the pooers o Hyde seemed tae GROWE frae the SEIKLINESS o Jekyll.
Ma DIRDUM micht hiv gaed oan fir YEARS, bit fur the lest mishanter which huz noo befawen: proveesion o the DRUG is rinnin FERR DOON. Ah sent oot POOLE fur fresh supply — an it wis ATHOOT EFFECK.
Ah am perswadit that ma furst supply wis smitten an it wis thon SMIT that gien the ootcome tae the draught!
Ah am feenishin this statement ablow the hank o the LEST o the AULD POODERS. This, then is the lest time that HENRY JEKYLL can hink heez ain thowts, or deek heez ain face...
Doom is steekin oan uz. Hauf an oor frae noo, whin ah shall again fur ivver tak oan that laithed character, ah ken ah shall sit CHITTERIN an GREETIN in ma chair...
Wull Hyde DEE oan the gibbet? Or wull hae finnd the SMEDDUM tae LOWSE HISSEL at the lest meenit?
Here, then, as ah lay doon the pen, an caw awa tae fessen up ma confession, ah bring the life o that dowie Henry Jekyll tae an end.
The End

SELECT GLOSSARY

bowf – retch
breengin – bustling, barging
callant – boy, lad
clag – to stick
cleek – hook, attach
dowie – sad, melancholy
faisible – decent
fantoosh – fancy
fizzog – face
foonds – foundations
gibbet – gallows
gliffed – frightened
gloamin – twilight
glower – frown
gurlie – fierce
gyte – mad
hattered – bullied, put–upon, overworked
hotterin – tottering, shaking, boiling–up, seething
hurl – drive, lift
iz – me
kenspeckled – prominent, remarkable
kizzen – cousin
lippen – confide
lown – ease, peace
mishanter – accident, calamity
mouligrab – murder
norie – notion
off the gley – peculiar
oo – we, us
raxed – stretched
ramstam – rush headlong
scrieve – write
skinkled – gleamed, radiated
smitten – infected
smeddum – courage
steekit – closed
thole – suffer
trokins – business
unco – strange
yokit – harnessed

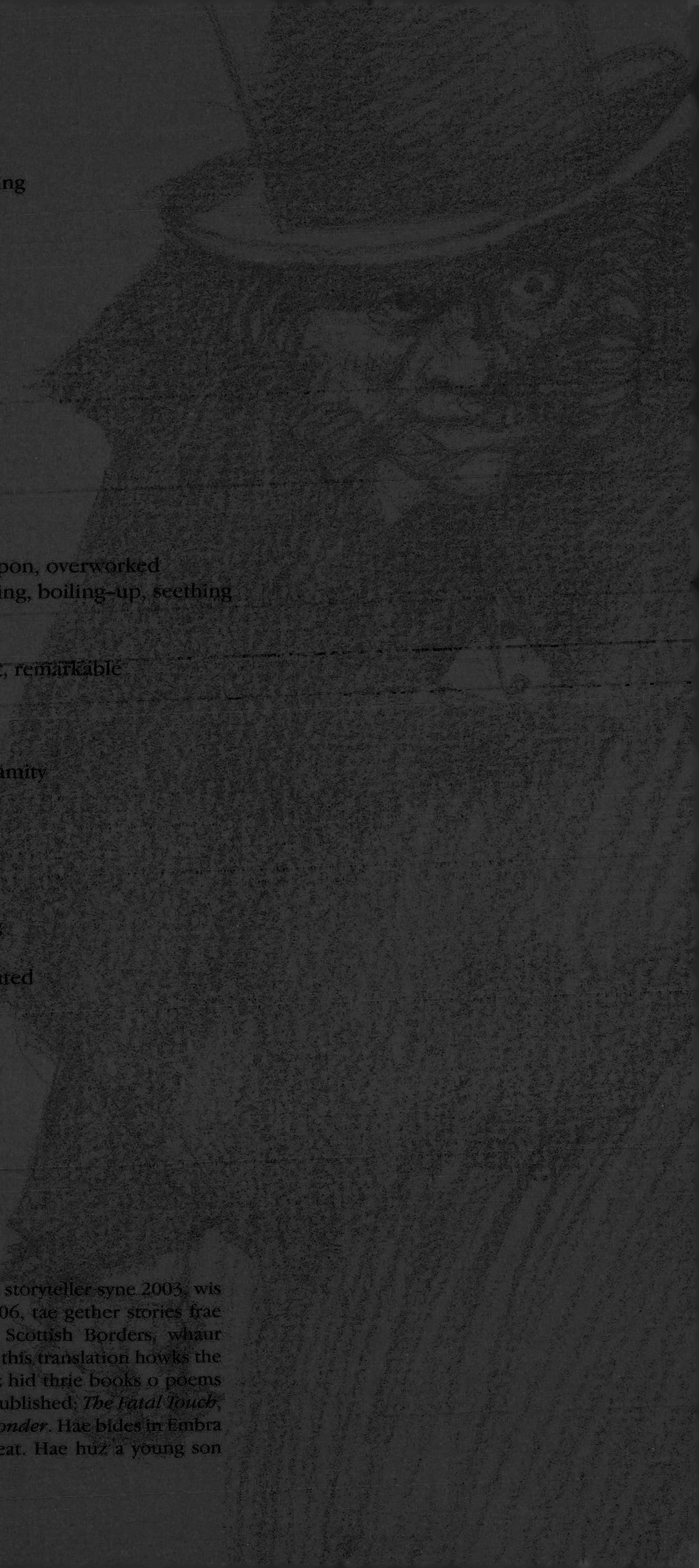

JAMES P SPENCE

James P Spence, a freelance storyteller syne 2003, wis awardit an SAC grant in 2006, tae gether stories frae Jethart (Jedburgh), in the Scottish Borders, whaur hae grew up, an frae whaur this translation howks the maist o its tongue. Hae huz hid thrie books o poems (in baith Scots an English) published: *The Fatal Touch*, *The Great Escape* an *Oot Thonder*. Hae bides in Embra in the shedda o Arthur's Seat. Hae huz a young son cawed Angus.

Robert Louis Stevenson
(1850–1894)

Robert Louis Stevenson wis born in Embra in 1850. Heez faimlie wantit him tae become a civil engineer as the faimlie businees wis biggin lichthooses, bit Robert's heid wis stowed wi picturs o romance an heroic gallivantins. Hae wisnae interestit in the science o biggin lichthooses bit mair in the adventures hauden bae the seas they lichtit an bae the lands throw which hae yit hid tae reenge.

As a hauf-wey hoose, hae studied law at Embra University an feenished heez degree, bit bae the time hae raxed tae heez toonties hae kent that heez real passion wis scrievin.

Stevenson tholed a sair smit o heez lungs aw heez days, an wis aye traivellin in search o a climate that wud pit him oan the mend. Hae scrieved aboot heez experiences in *The Silverado Squatters* [1883], an heez verra popular book *Travels with a Donkey in the Cevannes* [1879].

Despite no keepin weel, hae wis aye canty in speerit an scrieved whin ivver hae cud. Hae hid muckle success wi a novel, *Treasure Island* [1883], which became verra popular. In 1886 hae scrieved *Kidnapped*, which became a gret favourite an wis suin estaiblished as a classic. It wis follaed bae a sequel, *Catriona*, alsae kent as *David Balfour*, [1893] an *The Master of Ballantrae* [1889]. Stevenson alsae scrieved poetry an heez maist successful poetry book wis *A Child's Garden of Verses* [1885].

In 1885 hae published a derk dirller aboot the duality o the human naitur an the fecht atween guid an evil – *Strange Case of Dr Jekyll and Mr Hyde*. This book, oan which this graphic novel is foondit, estaiblished him as a gret scriever. The story is said at the stert tae hiv been scrieved in a radged thrie days. Tho some scholars argie, the story gans that hae chucked this furst version intae the fire an stertit again. In a further thrie days' time hae hid creatit anew the allegorical novella which oo ken weel the day. A classic tale that huz sowpit intae the modern psyche.

In 1888, Stevenson, heez American wife Fanny Osborne an heez faimlie, heidit aff tae the Sooth Pacific. Here they veesitit a leper colony at Molokai which kittled him tae scrieve *Father Damien: An Open Letter to the Reverend Hyde Honolulu* [1890] in tribute tae the Belgian priest that made the venture heez life's wirk. Stevenson funf heez lest hame in Samoa whaur hae won back some o heez health, but in 1894, aged onlie 44, hae deed o a brain haemorrhage. The nixt day Samoan heidsmen honoured their "Tusitala" or "teller o tales" wi a lair at the tap o Mount Vaea an hae wis convoyed there ower a pickle mile oan the shoothers o heez Samoan freends.

Stevenson creatit some o the maist weel-loved fiction in the warld. Amang ither writers that respeckit him wur Ernest Hemmingway, Rudyard Kipling, Vladimir Nabokov, G K Chesterton, Henry James an Joseph Conrad. Hae is jist is popular wi modern readers the day, an heez fame shows nae sign o dwynin awa.

Illustration courtesy Illustrated London News.

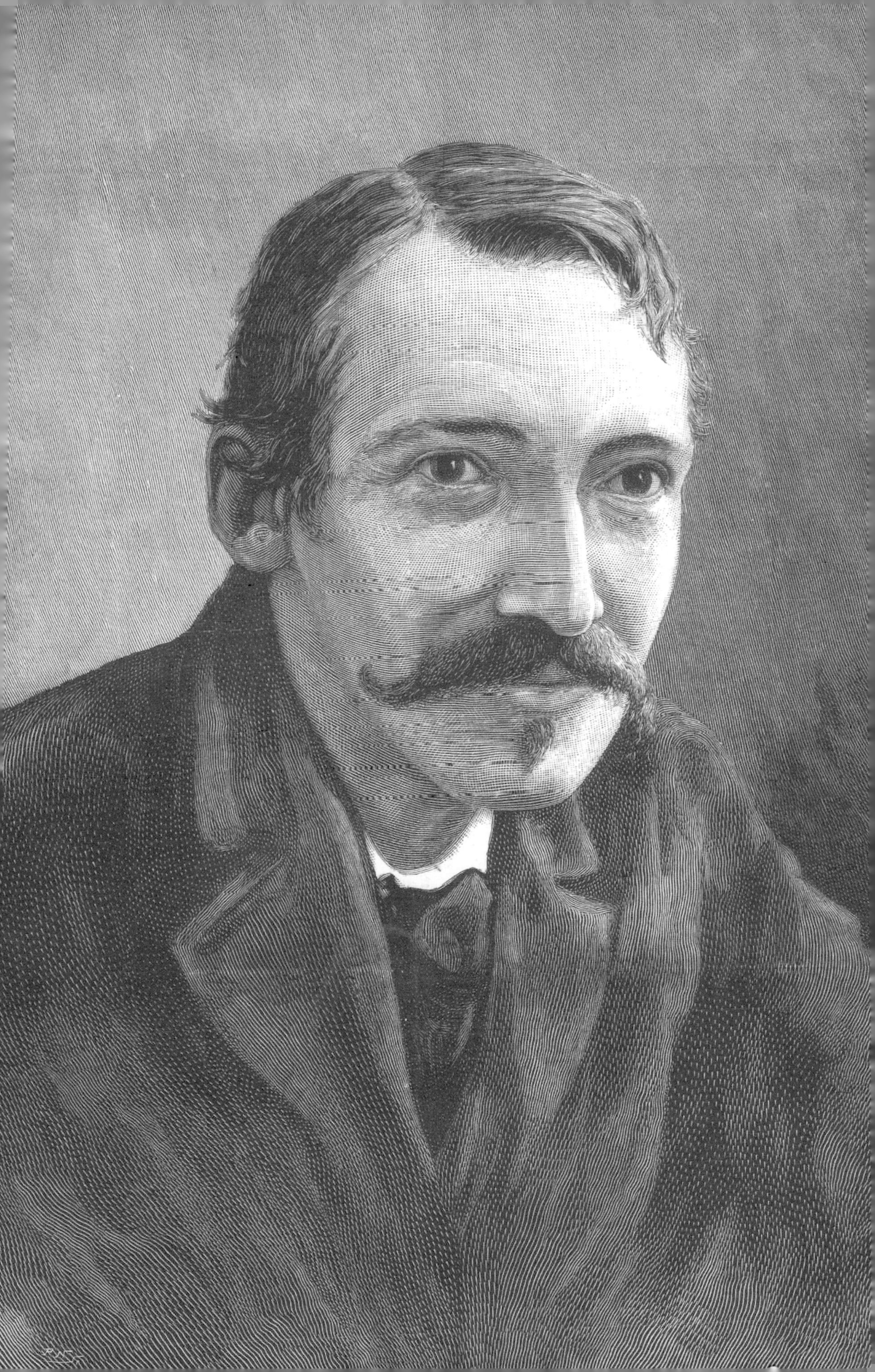

Alan Grant

Alan Grant is a weel kent, ferr an braid scriever o graphic novels an comic strips whae huz been scrievin fur that industry fur near-aboot 30 year. Hae aye had a love o comics, even as a bairn, lairnin tae read at heez granny's knee wi the help o *The Beano* an *The Dandy*.

Alan wirkit as an editor fur DC Thomson, the Scottish publisher o thae titles, in 1967, whaur hae met fellae editor, an future *Judge Dredd* collaborator John Wagner. Fur a time hae wirkit as a freelance scriever o lassies' romantic stories. It wis no till 1979, whin John Wagner askit him tae scrieve heez furst story fur a UK comic cawed *Starlord*, that hae avaintually got tae dae heez dwam jobe, wirkin fur comic books lik thon hae read as a callant.

The *Starlord* story got him noticed bae *2000AD*. Later that same year, hae wis hired bae thaim as an assistant editor. It wis at *2000AD* that hae wis tae mak heez name. Hae left thaim efter aroon twae year tae gan efter a freelance career, an stertit complouterin wi John Wagner. Durin their thirteen year wirkin pairtnership they scrieved *Judge Dredd*, *Strontium Dog*, *Robo Hunter* an *Ace Trucking Co* fur *2000AD*; *Doomlord*, *Joe Soap Private Eye*, an *Computer Warrier* fur *The Eagle*, *The Outsiders* fur DC Comics; *Nightbreed* an *The Last American* fur *Epic*; an *The Bogie Man* series,

set in Glesgae, which is still the hiechmaist sellin British independent comic.

Grant's invaiglement wi *Judge Dredd* huz lestit ower 25 year an thegither wi John Wagner hae creatit hunders o stories fur whit became *2000AD*'s maist popular strip.

Whin the Grant–Wagner pairtnership feenished, Alan wirkit oan titles as braid as *Detective Comics*; *Batman* fur DC Comics, which hae scrievit fur ower ten year; *Lobo, L.E.G.I.O.N. '89, Legends of the Dark Knight* an *The Demon*. Mair recently, hae huz scrievit *Anderson Psi Division* an *Young Middenface* fur *Judge Dredd* Magazine; *Robo-Hunter* fur *2000AD*; an the sequel tae *The Authority/Lobo* fur DC/Wildstorm. In 2007, commissioned bae Edinburgh UNESCO City of Literature Trust, hae stertit oan heez furst adaptation o a classic novel, creatin wi lang-time collaborator, artist Cam Kennedy, a gey weel regairdit graphic novel version o Robert Louis Stevenson's *Kidnapped*, published bae Waverley Books. *Strange Case of Dr Jekyll and Mr Hyde* is Grant's saicant classic adaptation an Grant an Kennedy's saicant title thegither wi Waverley Books.

Alan bides in Moniaive in Dumfries an Galloway wi heez wife Sue whaur they organise the yearly Moniaive Comics Festival, noo in its fowerth year.

Photiegraph: Copyricht Ian MacNicol.

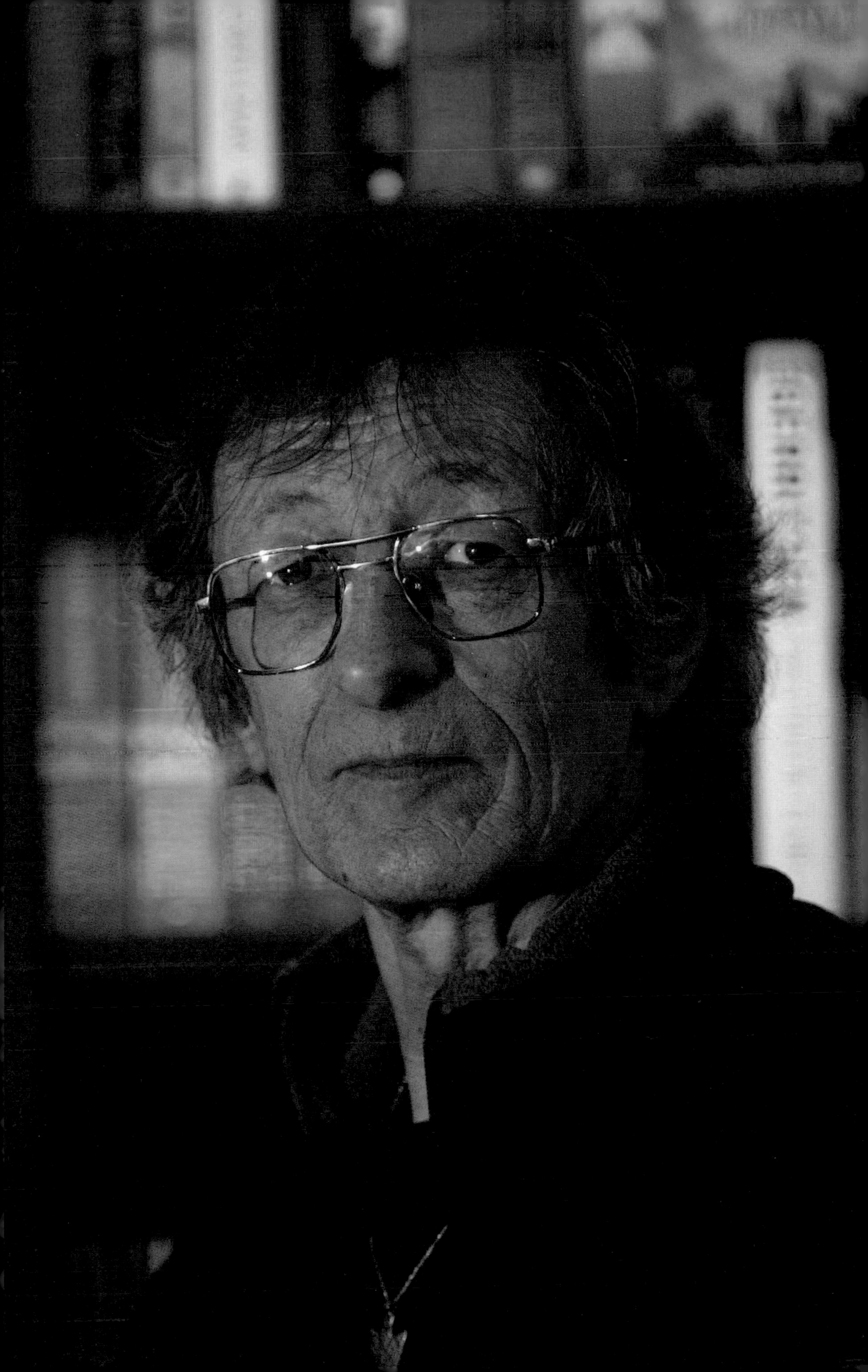

Cam Kennedy

Cam Kennedy huz been wirkin in the comics industry syne 1967 an is yin o the maist respeckit artists in the trokins. Hae stertit wirk as a commercial artist, wirkin in heez hame toon o Glesgae an alsae in London. In 1967, Cam went intae freelance an stertit wirkin fur DC Thompson's *Commando* comics. Hae wirkit in *Commando* titles up tae 1972 whin hae flitted tae France fur 6 year, wirkin as a fine artist.

Whin Cam gaed hame tae Scotland in 1978 hae yince mair gaed back tae wirkin oan comics. Hae sent some drawins tae *Battle* comic an wis askit tae wirk oan *Fighting Mann*. *2000AD* deeked heez wirk oan *Battle*, likit it an askit him tae wirk oan their strip *Rogue Trooper*. Suin efter this hae got the chance tae wirk oan whit wud become, yin cud argie, heez maist weel kent strip *Judge Dredd*. Hae is alsae weel kent fur heez wirk oan *The VCs*, alsae fur *2000AD*, no forgettin the *Future Shocks* short strips an peen-ups that hae huz creatit fur that title.

Ower the years Cam huz wirkit wi aw the mucklest American publishers, heez furst American jobe bein fur DC Comics pincillin the series *Outcasts*. In 1988, Cam wirkit wi Tom Veitch oan their series *The Light and Darkness War* fur Epic comics. A wee pickle year efter Cam again wirkit wi Tom Veitch oan the gey sair popular Dark Horse series, *Dark Empire* an *Dark Empire II*. Heez wirk oan thir titles gey likely relaunched the *Star Wars* kenmerk in comic form. Heez artwirk fur *Dark Empire* seemed tae bring aboot a nostalgia in *Star Wars* fur fans fur the oreeginal pictur-shows. Syne then, Cam huz raigularly creatit artwirk fur monie American titles includin including *Boba Fett*, *Lobo* an *Punisher*.

Cam huz been wirkin, oan an aff, wi Alan Grant fur aroond 30 year, frae heez furst days oan *Judge Dredd* tae their praisent wirk wi Waverley Books. In 1990, hae wirkit wi Alan an John Wagner oan *Unamerican Gladiators* featurin the popular character Lobo. That same year the thrie produced a Nick Fury story *Greetings from Scotland*. They comploutered yince mair in 1991 oan The Punisher story *Blood on the Moors*. Cam's furst stint oan Batman in 1992 wis wi John Wagner in *A Gotham Tale* an then in 1993 hae wirkit yince mair wi the twae o thaim oan the Batman–Dredd crossower *Vendetta in Gotham*.

In 2007 Cam's artwirk fur *Kidnapped* graphic novel, commissioned bae UNESCO City of Literature Trust as pairt o their One Book–One Edinburgh campaign, wis gey sairlie acclaimed an is noo tae bae fund in the National Library of Scotland. Hae jines Alan Grant an Waverley Books yince maire tae create *Strange Case of Dr Jekyll and Mr Hyde*.

Cam bides in Orkney whaur hae huz steyed fur 27 year an claims that ivverie time hae tries tae lea the pliss the weather is ower gurlie tae mak the crossin.

Photiegraph: Copyricht Ian MacNicol.